필립 체스터필드에게 배우는
공부 마인드

하기 싫은
공부
왜
하나요?

필립 체스터필드 지음
편집부 엮음 · 이일선 그림

소중한 책으로 남기고 싶은 아이디어나 원고가 있으신 분은 도서출판 책읽는달
(bestlife114@hanmail.net)로 보내주세요.

하기 싫은 공부
왜 하나요?

초판 1쇄 인쇄 2013년 5월 1일
초판 1쇄 발행 2013년 5월 7일

지은이 | 필립 체스터필드
엮은이 | 편집부
그린이 | 이일선
펴낸이 | 문미화
펴낸곳 | 책읽는달

출판등록 | 제2010-000161호
주소 | 서울시 영등포구 양평동5가 39번지
          우림라이온스밸리 1차 A동 1408호
대표전화 | 02)2638-7567
팩스 | 02)2638-7571
블로그 | http://blog.naver.com/bestlife114

ⓒ도서출판 책읽는달, 2013
ISBN 979-11-85053-00-4 73190

이 책의 무단전재와 무단복제를 금하며,
책 내용의 전부 또는 일부를 이용하려면 반드시 책읽는달의 동의를 받아야 합니다.

※ 잘못된 책은 본사나 구입하신 곳에서 바꿔드립니다.
   책값은 뒤표지에 있습니다.

필립 체스터필드에게 배우는 공부 마인드

하기 싫은 공부 왜 하나요???

차례

008. 들어가는 말

1장 • 도대체 공부는 왜 하나요?

013. 공부하는 이유를 아는 사람이 공부를 잘한단다
018. 공부를 열심히 한 사람이 더 큰 꿈을 이룰 수 있단다
022. 세상에서 가장 쉬운 것이 공부란다
026. 어릴 적 공부는 평생을 간단다
028. 시간은 우리를 기다려 주지 않는단다

2장 • 공부, 어떻게 시작하나요?

- 035. 공부의 첫 걸음은 목표 세우기부터
- 039. 할 수 있다는 자신감을 가지렴
- 043. 공부의 성취감을 아는 아이가 되렴
- 047. 집중력은 스스로 키우는 것이란다
- 051. 풀리지 않는 문제는 없단다
- 056. 언제나 1등을 목표로 삼으렴

3장 • 공부 잘하는 습관이 있나요?

- 063. 교과서부터 파고들어라
- 067. 선생님께 질문을 자주 하렴
- 072. 너만의 예습 복습 방법을 만들어 보렴
- 077. 요점 정리만 잘해도 성적이 오른단다
- 082. 항상 메모하는 습관을 가지렴

4장 • 공부 잘하는 방법이 있나요?

089. 실수만 줄여도 성적이 오른단다
093. 시험을 잘 보는 방법은 따로 있단다
098. 공부의 라이벌을 만들어 보렴
102. 책은 재미있는 선생님이란다
107. 너도 암기의 달인이 될 수 있단다
112. 성공과 실패는 종이 한 장 차이란다

5장 • 과목별 공부 잘하는 방법은 무엇인가요?

119. 국어 잘하는 법
123. 수학 잘하는 법
127. 영어 잘하는 법
131. 과학 잘하는 법
136. 사회 잘하는 법

" 지금 네가 열심히 공부를 하는 이유는
네가 가진 꿈과 이상을 이루기 위해서라는 것을 잊지 말았으면 한다.
또 세상을 보다 지혜롭고 현명하게 살게 될 것이고,
사회에 꼭 필요한 사람이 될 수 있을 거란다.
우리나라만이 아니라 전 세계를 네 무대로 만들 수가 있단다.
아빠는 그런 네 미래를 기대해. "

| 들어가는 말 |

애야, 오늘도 공부하겠다며 책상 앞에 앉아 있는 네 모습을 보면서 너의 미래가 얼마나 크고 빛날지 아빠는 기대가 크단다.

공부는 누구나 잘하고 싶어하는 것 중 하나란다. 하지만 아무리 공부를 잘하고 싶어도 잘 되지 않을 때가 많을 거야. 머리가 아프기도 하고 놀고 싶기도 하겠지.

아빠는 네 공부에 조금이라도 도움이 되었으면 하는 마음으로 이 책을 통해 몇 가지 조언을 하려고 해.

친구 중에 공부를 잘하는 아이가 있지? 그 아이를 보면서 '난 왜 저렇게 공부를 잘하지 못하는 걸까?', '머리가 나쁜 게 아닐까?' 하고 고민하고 있다면 아빠의 말을 잘 듣고 한번 실천해 보렴.

따라 하기 어렵고 힘든 것들이 아니야. 오히려 '이런 것만 실천해도 정말 공부를 잘하게 될까?' 하는 의문이 들 정도로 쉽고 간단한 것들이란다. 또 지금까지 네가 공부에 대해 갖고 있던 생각들도 많이 바꿔줄 거야. 그로 인해 너도 공부 잘하는 아이들처럼 성적을 올릴 수 있고 또 네가 꿈꾸는 1등도 할 수 있을 거란다.

물론 이 글을 읽는 것만으로 1등을 할 수 있는 것은 아니지. 끊임없는 도전과 끈기와 인내 그리고 너의 목표가 하나가 될 때 비로소 1등의 꿈을 이룰 수 있는 거란다.

아빠는 단지 올바르게 공부할 수 있는 길잡이 역할을 할 뿐이란다. 어렵다고, 재미없다고만 생각하지 말고 쉽고 즐겁다는 생각을 하고 공부에 임해 보렴.

네 나이 때의 공부는 꿈과 미래의 기초를 다지는 아주 중요한 과정이란다. 바로 앞을 보기보다는 더 멀리 생각하렴. 눈앞에 네가 이루고 싶은 꿈이 기다리고 있잖니?

공부가 어렵고 힘들 때, 좌절감이 들 때, 아빠의 말을 명심하고 다시 한 번 마음을 가다듬고 노력해 보렴. 그러면 분명 공부가 즐겁고 쉽다는 것을 알게 될 테니까.

얘야, 잊지 말아라. 아빠는 항상 네가 꿈을 향해 달려갈 수 있도록 곁에서 든든히 도와주며 응원할 거란다.

세상에서 가장 너를 사랑하는 아빠가

1장

도대체 공부는 왜 하나요?

1장. 도대체 공부는 왜 하나요?

공부하는 이유를 아는 사람이 공부를 잘한단다

지금 네가 열심히 공부를 하는 이유는 꿈과 이상을 이루기 위해서라는 것을 잊지 말았으면 한다. 네가 공부를 열심히 하면 삶의 질이 높아지고 많은 지혜도 얻을 수 있어.

혹시 '왜 공부를 해야 되는가'에 대해 생각해 본 적 있니?

"왜 공부를 하니?"라고 물어보면, 대부분의 아이들은 이렇게 말한다.

"엄마가 시키니까요."

"공부를 해야 좋은 대학에 가니까요."

"친구들이 하니까, 나도 하는 거예요."

이렇게 별 이유 없이 막연하게 공부하는 아이들이 많지.

게다가 어른들도 아이들에게 이렇게 말하고는 한단다.

"지금 공부하지 않으면, 성공할 수가 없어."

"공부를 하지 않으면, 좋은 대학에 갈 수 없단다."

왜 이렇게 많은 사람들이 공부하라고 강조하는 걸까?

공부를 해야 하는 이유에는 여러 가지가 있단다.

우선, 공부를 잘하게 되면 많은 꿈을 가질 수가 있단다.

잘하는 과목이 많으면 많을수록 관심 분야가 많아지게 될 거야. 이것도 해 보고 싶고 저것도 해 보고 싶어지지. 관심이 가는 여러 가지 것들 중에 네 적성에 맞고, 미래를 위해 시간과 노력을 아낌없이 투자할 수 있는 꿈을 찾을 수가 있을 거야.

수학을 잘하고 자신이 있다면 수학과 관련된 직업을, 과학을 잘한다면 과학에 관련된 꿈이나 관련 직업을 찾기가 쉬워지지.

공부를 잘하면 삶의 질이 높아진단다.

대부분 성적이 뛰어난 사람들은 사회적으로 높은 지위에 오를 수 있고 높은 명성을 얻을 수 있단다. 예를 들어 검사나 변호사, 의사, 교사 같이 사회적으로 인정받는 직업을 가질 수가 있어. 물론 직업에는 귀천이 없지만 더 인정받는 직업일수록 질적으로 풍부한 삶을 살 수 있는 기회가 더 많이 생긴단다.

공부를 하게 되면 많은 지혜도 얻을 수가 있단다.

세상을 살면서 우리는 수많은 문제에 부딪히게 돼. 그때마다 지혜나 지식이 부족하면 문제를 해결하는 데 많은 어려움이 따르게 되지. 하지만 공부를 하게 되면, 상황에 맞는 적절한 대응법과 해결책을 찾을 수가 있을 거야.

마지막으로 공부를 하는 것은 네 자신은 물론이고, 가족, 그리고 사회 나아가서는 이 세상을 살아가는 모든 인류의 발전에 도움이 된단다.

'지식인이 많은 사회일수록 그 나라가 부강하다'는 말이 있듯이 스스로 공부를 열심히 하고 잘하면, 너로 인해 우리나라가 더욱 강한 나라가 되고, 세상은 더욱 밝아지지 않겠니?

공부는 자기 자신과의 싸움이란다.

자기가 원하는 꿈을 이루기 위해, 좋은 직장과 직업을 갖기 위해 사람들은 짧게는 10년, 길게는 몇 십 년에 걸쳐 열심히 공부를 한단다. 그 과정을 거치면서 조금씩 성장하고 스스로의 힘을 키워 가는 것이지.

사람만이 자기 자신과 싸우는 것이 아니란다.

어미 새는 새끼 새를 날게 하기 위해 높은 곳으로 데리고 가 떨어뜨린단다. 새끼 새는 살기 위해서 수없이 날개를 움직여 스스로 나는 법을 배워 하늘을 날 수 있게 되는 것이지. 새는 날 수 있는 잠재력을 가지고 있기 때문에 노력하면 반드시 날게 된단다.

애벌레도 번데기 시절을 거쳐 수년을 기다려 날개를 가진 예쁜 나비가 되어 날 수가 있듯이 지금 열심히 공부를 해야 하는 이유는 네가 가진 꿈과 이상을 이루기 위해서라는 것을 잊지 말았으면 한다. 네가 공부를 열심히 하면 원하는 꿈과 이상을 이룰 수 있어.

또 세상을 보다 지혜롭고 현명하게 살게 될 것이고, 사회에 꼭 필요한 사람이 될 수 있을 거란다. 우리나라만이 아니라 전 세계를 네 무대로 만들 수가 있단다. 아빠는 그런 네 미래를 기대해.

'공부를 왜 해야 하는가' 하는 의문이 들 때마다 아빠의 말을 기억하렴. 밝은 미래를 위해서 공부에 대한 마음가짐을 새롭게 하길 바란다.

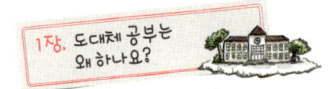

공부를 열심히 한 사람이
더 큰 꿈을 이룰 수 있단다

꿈은 노력하고 공부하는 사람에게 손을 내밀어 준단다. 어떠한 꿈이라도 공부하지 않고 쉽게 이룰 수 있는 것은 없어.

아들아, 너는 꿈을 가지고 있니? 그렇다면 네 꿈은 무엇이니?

너와 친구들은 하고 싶은 것이 아주 많을 테지? 멋진 운동선수나 많은 사람들의 사랑을 받는 가수나 탤런트는 어떠니? 아니면 똑똑하고 멋있어 보이는 변호사나 검사가 되고 싶니? 씩씩하고 나라를 지키는 군인도 있고, 아름다운 글로 사람을 감동시키는 소설가, 발 빠르게 세상의 소식을 알려 주는 기자는 어때?

아니면 그림으로 자신의 생각을 표현하는 화가, 나라를 지혜롭게 다스리는 대통령, 세계에 이름을 떨치는 대기업의 사장, 사람의 소중한 생명을 위해 노력하는 의사, 간호사 등. 세상에는 정말로 많은 꿈들이 있단다. 이렇게 다양하고 멋진 꿈 중에서 네 꿈은 무엇이니?

사람들은 누구나 꿈을 꾸며 산단다. 꿈을 꾸지 않는 사람은 희망이 없고, 미래가 없는 사람이나 마찬가지지. 꿈이라는 것은 사람이 열심히 살아가게 해 주는 원동력이거든.

그런데 혹시 알고 있니? 어떠한 꿈이든지 그것을 이루기 위해서는 열심히 공부해야 한다는 사실을 말이다. 공부하지 않고 꿈을 이룰 수는 없어. 프로 운동선수라고 해서 무조건 운동만 잘하면 될까? 그렇지 않단다. 공부도 열심히 해야 하지.

네가 좋아하는 축구 선수를 예로 들어 볼까?

축구 선수의 경우 상대에게서 공을 빼앗기지 않는 법, 슛을 쏠 때 발이 공의 어느 부분에 맞아야 되는지, 11명의 축구 선수가 어떻게 조직적으로 움직이고 협력을 해야 상대팀을 이길 수 있을지 축구에 관한 모든 것을 배우고 익혀야 해.

물론 가장 중요한 것은 운동 실력이지만 아무리 운동 실력이 좋아도 공부하지 않는 축구 선수는 크게 성장할 수가 없단다.

그리고 축구 선수는 우리나라뿐만 아니라 다른 나라에 대한 공부도 해야 해. 박지성 선수나 기성용 선수, 구자철 선수 등은 현재 세계 무대에서 멋있게 활약을 펼치고 있단다.

꿈을 이루기 위해 그들은 축구 연습도 열심히 했지만, 그 나라의 언어와 문화도 열심히 공부했단다. 아무리 축구를 잘한다고 해도 말이 통하지 않으면 실력을 제대로 발휘할 수가 없거든.

그래서 세계적으로 유명한 프랑스의 지단, 브라질의 호나우도 같은 선수들도 외국어를 3개 이상 말하고 쓸 줄 안다고 해.

이처럼 꿈은 노력하고 공부하는 사람에게 손을 내밀어 준단다. 어떠한 꿈이라도 공부하지 않고 쉽게 이룰 수 있는 것은 없어. 공부를 하고 노력을 아끼지 않는 사람만이 그 꿈에 한 걸음 더 다가설 수 있고, 훗날 원하는 바를 이룰 수 있는 것이란다.

아들아, 혹시 아직 이루고 싶은 꿈이 없니?

아빠는 네가 어서 꿈을 찾고, 공부하고, 노력하기를 바란단다. 아빠도 어렸을 때는 꿈의 소중함을 잘 알지 못했어. 그래서 '아, 내가 조금만 더 일찍 꿈을 가지고 공부를 열심히 했더라면 좋았을 것을……' 하고 후회할 때가 많았단다. 너는 아빠처럼 후회하지 않았으면 좋겠다.

꿈을 크게 가지렴. 설령 너무 큰 꿈이라서 이루지 못할 것 같다고 해도 지레 겁먹을 필요는 없어. 꿈이 클수록 더욱 많이 발전하고 성장할 수 있을 테니까. 너는 네가 생각하는 것보다 훨씬 큰 가능성을 가지고 있단다.

지금부터 열심히 책을 읽고, 꿈을 이루기 위한 공부를 시작하렴. 네가 열심히 공부하고 노력하는 만큼 그 꿈에 가까이 다가갈 수 있단다.

언젠가 원하는 꿈을 이루고 멋지게 날아오를 너를 생각하면 아빠의 마음도 뿌듯하고 벅차오르는구나. 훗날 너를 더욱 행복하게 할 그 꿈을 위해 공부가 필요하다는 사실을 잊지 말고 기억하렴.

세상에서 가장 쉬운 것이 공부란다

공부를 할 때는 공부 외에 다른 것에 신경을 쓸 필요가 없잖아. 또 노력하는 만큼 정직하게 실력과 점수가 늘어나고 말이야.

가끔 너는 아빠에게 이렇게 말하고는 하지.

"세상에서 공부가 제일 어려워요."

"공부할 필요가 없는 어른이 되고 싶어요."

지금의 네 나이라면, 공부하는 것이 즐겁거나 재미있기보다는 어렵고 힘들 거야. 아빠도 너와 같은 시기를 거쳤단다. 하지만 지금 와서 생각해 보니, 공부가 제일 쉬웠던 것 같아.

거짓말이라고? 거짓말이 아니란다. 지금부터 아빠가 하는 이야기를 잘 들어 보렴.

아빠가 회사에 가면 뭘 할 것 같니? 아침 일찍 일어나 회사에 가서 업무를 본단다. 아빠 본연의 업무뿐만 아니라 회의 자료도 준비하고, 거래

처 사람들도 만나고, 실적을 올리기 위해 여기저기 분주히 뛰어다니고, 고민도 많이 하지.

어떤 날은 회사 밖으로 외근을 나가게 되는데, 이 때는 버스도 타고, 지하철도 타고, 이리저리 많이 걷고, 바쁠 때는 뛰어다니기도 해서 많이 피곤하단다. 일주일에 며칠은 야근을 해야 되지. 야근을 끝내고 집에 오면, 너는 쿨쿨 단잠에 빠져 있단다.

사실 일만 한다면, 그렇게 직장생활이 힘들지는 않아. 실적을 올려야 한다는 부담감으로 더 스트레스를 받는단다. 내 실적뿐만 아니라 팀의 실적을 올려야 하기 때문에 아빠도 밤낮으로 연구하고 고민하고 뛰어다닌단다. 사회생활을 한다는 것이 얼마나 힘든지 너는 아직 모를 거야.

엄마도 마찬가지란다. 네가 생각하는 것보다 훨씬 바쁘고 할 일도 많아. 우리를 위해 시장을 보고, 집안을 청소하고, 가계부를 정리하고, 수도세, 전기세, 전화세, 휴대전화 요금, 보험금, 학원비, 교육비, 교통비 등 집안의 살림에 신경을 써야 하지. 그리고 우리 집의 미래를 위해 늘

고민하고 준비를 하신단다.

이렇게 바쁜 하루하루를 보내기 때문에 아빠와 엄마는 종종 예전에 공부했던 때로 돌아가고 싶은 마음이 들 때가 있어. 공부를 할 때는 공부 외에 다른 것들에 신경을 쓸 필요가 없잖아. 또 하는 만큼 정직하게 실력과 점수가 늘어나고 말이야. 이래도 공부가 제일 어렵다고 생각되니?

너는 어른이 되면 공부할 필요가 없다고 생각하겠지? 하지만 아빠는 매일매일 공부를 하고 있단다. 지금 하고 있는 일을 더욱 잘하기 위해서, 글로벌 시대에 발맞추기 위해서 영어나 다른 외국어도 공부할 뿐만 아니라 자격증을 따려고 관련 분야의 공부도 하고 있단다.

게다가 아빠도 매년 승진시험을 치른단다. 지금보다 더 높은 위치에 올라가서 엄마와 너에게 더 좋은 환경을 만들어 주고 싶어서 열심히 공부하고 있어.

그런데 승진을 해도 마냥 기쁘기만 한 것은 아니야. 일에 대한 부담감이 더욱 커지기 때문이란다. 아빠의 부하직원이나 후배들을 잘 이끌려면 더 많이 노력해야 하고 더 많이 공부해야 한단다.

너는 '장승수'라는 사람에 대해 들어본 적 있니? 장승수 형은 가난하게 자랐지만 동생의 학비와 생활비를 벌기 위해 공사판에서 막노동을 해야 했단다. 그러면서도 자신의 꿈을 이루기 위해 공부를 열심히 했지.

결국 장승수 형은 서울대학교를 수석으로 합격하고 대학에서도 열심히 공부해서 사법고시까지 합격할 수 있었단다. 그리고 자신의 경험을 바탕으로 책을 썼는데 그 책의 제목은 《공부가 가장 쉬웠어요》란다.

이 책에서 장승수 형은 돈을 벌기 위해 일을 하는 것, 또 가정 형편 때문에 걱정하고 고민하는 것에 비하면 공부가 훨씬 더 쉬웠고 행복하다는 것을 알게 되었다고 해.

지금은 공부가 가장 어렵고 힘들게 느껴지겠지만, 나중에 어른이 되면 아마 장승수 형이나 아빠처럼, 공부가 가장 쉬웠음을 깨닫게 될 거야. 그때 가서 후회하지 않았으면 한단다.

명심하렴, 세상에서 가장 쉬운 것이 바로 공부란다.

1장. 도대체 공부는 왜 하나요?

어릴 적 공부는 평생을 간단다

초등학교는 학년이 올라갈수록 난이도가 높아지고, 양도 많아져서 지금 공부를 소홀히 하면 중·고등학교는 물론 심지어 어른이 되어서도 공부를 잘하기 힘들어.

'세 살 버릇이 여든까지 간다'는 속담을 들어 본 적이 있니? 이 속담은 어릴 때 생긴 습관은 어른이 되어서도 쉽게 고칠 수 없다는 말이란다.

어린 시절의 공부는 평생을 간단다. 지금 네가 하는 공부는 앞으로 너의 미래와 꿈에도 큰 영향을 주게 될 거야.

초등학교 때 공부하지 않더라도 중학교, 고등학교에 가서 열심히 공부해도 되지 않을까 생각할 수도 있겠지만 지금부

터 하지 않으면 나중에 공부를 더 많이 해야 되고 기초가 부족하기 때문에 몇 배의 노력을 해야 하는 어려움이 뒤따른단다.

공부 실력은 하루아침에 만들어지지 않아. 또 점점 수준이 높아지기 때문에 지금부터 기초를 다져놓지 않으면 나중에 아무리 공부를 열심히 해도 원하는 성적을 얻기 쉽지가 않단다.

초등학교 때 공부를 잘했던 아이는 중학교, 고등학교에 가도 공부를 잘할 가능성이 높단다. 특히 초등학교는 학년이 올라갈수록 난이도가 높아지고, 양도 많아져서 지금 공부를 소홀히 하면 중·고등학교는 물론 심지어 어른이 되어서도 공부를 잘하기 힘들어.

공부는 탑을 쌓는 것과 같은 원리야. 1층이 안전하게 쌓아져야 2층을 튼튼하게 쌓을 수 있는 것처럼 공부도 기초부터 튼튼하게 해 놔야 든든한 미래를 만들 수 있단다.

지금부터 공부를 열심히 해 기초를 탄탄하게 하면, 중·고등학교에 진학해서도 잘할 수 있을 게다.

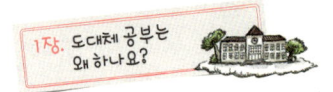

시간은 우리를 기다려 주지 않는단다

먼저 해야 하는 일이 무엇이고 나중에 해도 되는 일이 무엇인지 계획을 세우고 실천하는 습관을 들이렴. '다음에 하면 돼', '조금 있다가 하면 돼'라고 생각하면, 시간은 지나가고 결국 그 일을 할 수 있는 시간이 부족하게 된단다.

가끔 엄마가 너에게 숙제나 공부를 했냐고 물어보면, 컴퓨터 앞에 앉아 있는 너는 이렇게 대답하곤 하더구나.

"시간 많아요. 조금 있다가 하면 돼요."

하지만 너는 밤 9시가 다 되도록 숙제를 하느라 고생하고, 결국 늦게 잠이 들고 다음 날 아침에 졸리다며 짜증을 부리고는 했지.

그리고 엄마가 아침 식사를 차려 주면 졸린 눈을 비비며 "시간 없어서 못 먹어요!"라고 말하며 뛰어나가고는 했어.

참 이상하지? 너는 시간이 많다고 했다가 또 시간이 없다고도 하잖니? 왜 이런 모순된 말을 하는 것일까?

시간이란 한번 지나가면 다시 되돌릴 수 없는 것이란다. 시간은 결코 너를 기다려 주지 않는단다.

　만일 네가 시간이 많았을 때 컴퓨터 게임보다 숙제를 먼저 했다면, 더 일찍 잘 수 있었을 거야. 그러면 아침에 늦게 일어나지 않을 테고, 또 아침 식사도 거르지 않았을 거야. 이처럼 시간을 적절하게 잘 분배해서 사용하는 것이 중요해.

　이 세상 사람들이 누구나 공평하게 가지고 있는 것이 바로 시간이란다. 아무리 돈이 많은 부자라도, 또 아무리 위대하고 훌륭하여 사람들의 존경을 받는 사람이라도 시간을 늘리거나 다시 과거로 되돌리거나 할 수는 없어.

　시간의 '양'은 누구에게나 공평한 거야. 그 대신 시간을 사용하는 방법, 즉 시간의 '질'이 그 사람의 성적이나 일에 영향을 미치고, 나아가서는 인생을 바꿀 수도 있는 것이란다.

　시간을 잘 사용하고 싶다면, 먼저 시간의 소중함을 알아야 한단다.

　아빠가 좋은 명언을 하나 들려줄게.

　'한 시간의 가치를 깨닫고 싶으면, 서로 만나기를 기다리는 연인에게 물어보아라. 일 분의 가치를 깨닫고 싶으면 막 기차를 놓친 사람에게 물어보아라. 일 초의 가치를 깨닫고 싶으면 사고에서 겨우 살아난 사람에게 물어보아라. 천 분의 일 초의 가치를 깨닫고 싶으면 올림픽에서 아쉽게 은메달을 딴 선수에게 물어보아라.'

어떠니? 단 한 시간, 일 분, 일 초의 시간이 사람의 운명을 좌지우지할 수 있는 것이란다.

특히 네 나이에는 무엇보다도 시간 관리가 중요하단다. 시간 관리는 공부의 '양' 과 '질' 에 영향을 주고, 당연히 네가 가장 관심 있는 성적과도 관계가 깊단다.

공부를 잘하는 아이들은 시간 관리를 잘 한단다. 쉬는 시간도 잘 사용할 줄 아는 아이들이 많더구나. 쉬는 시간을 이용해서 미리 배울 내용을 먼저 살펴보면, 예습을 한 만큼 공부의 효과가 크단다. 또 졸음이 올 때 쉬는 시간에 5분에서 10분 정도 수면을 취하면, 다음 시간에는 맑은 정신으로 수업에 집중할 수가 있겠지?

아빠는 따로 책 읽을 시간이 많지 않기 때문에 출퇴근길 지하철에서 책을 읽는단다. 너의 경우라면, 시험 기간에 학교에 가는 시간을 이용해 시험 범위를 요약해 놓은 수첩을 읽어 보렴. 그러면 좀 더 여유 있게 시험을 볼 수 있을 거야.

항상 가장 먼저 해야 할 일이 무엇이고 나중에 해도 되는 일이 무엇인지 계획을 세우고 실천하는 습관을 들이렴. '다음에 하면 돼', '조금 있다가 하면 돼'라고 생각하면, 시간은 점점 지나가게 되고 점차 그 일을 할 수 있는 시간이 부족하게 된단다.

그리고 늘 다음에 무엇을 할지 미리 생각해 두렴. 미리 생각해 두지 않으면, 일을 시작할 때마다 고민을 하게 되고 고민하는 만큼 시간을 허비하게 되는 것이란다.

이렇게 항상 모든 일에 계획을 세워서 실천하게 되면 시간 낭비를 줄일 수 있기 때문에 여유롭게 모든 상황에 맞추어 일을 진행할 수가 있게 되지.

어떠니? 이제 시간의 소중함과 중요성을 잘 알겠지? 아빠는 네가 시간을 잘 사용해서 효율적으로 공부하는 아이가 되었으면 좋겠다.

2장

공부,
어떻게 시작하나요?

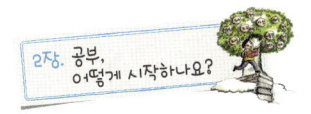

공부의 첫 걸음은 목표 세우기부터

목표를 이루려면 실천할 수 있는 계획을 세워야 한단다. 계획을 세울 때에는 자신이 처한 상황과 현실에 맞게 구체적으로 세워야 해.

'오늘은 몇 페이지까지 공부를 해야지' 하고 공부하는 네 모습을 보았단다. 정말 그 페이지가 끝날 때까지 최선을 다하더구나. 하루 동안 계획했던 공부를 끝마친 너는 즐겁게 여가 시간을 보내며 쉴 수가 있었지.

오늘 네가 한 것처럼 '언제까지 무엇을 얼마만큼 해야겠다'라고 생각하는 것이 바로 계획을 세우는 것이란다. 그렇다면 너는 어째서 계획을 세워 공부한 걸까? '이번 시험에서는 지난번보다 평균 점수를 높여야지'라는 목표가 있었기 때문이지.

그래, 사람은 어떤 일을 하든지 그 일을 하기 전에 목표부터 세워야 한단다. 아무런 목표 의식이 없이 '공부를 열심히 하면 어떻게든 되겠

지'라는 막연한 마음만 가진다면 과연 공부를 잘할 수가 있을까?

반 아이들 중에 갑자기 성적이 많이 오르는 아이들이 있지? 1등까지는 아니어도 평소에 30등을 하다가 20등대로 진입을 하거나, 20등에서 10등 안으로 올라서는 아이들이 있잖니. 이 아이들은 어떻게 해서 성적을 많이 올릴 수가 있었을까?

자신의 목표가 분명하기 때문이란다. 무엇을 위해서 공부하는지 확실한 목표를 가지고 있으면 그 목표를 이루기 위해 평상시보다 몇 배나 더 노력을 하게 되지. 시험과 관련된 목표라면 '평균 점수를 10점 올려야지', '수학점수를 20점 올려야지', '반에서 10등 안에 들어야지' 등의 목표를 세울 수 있을 거야.

목표만 세운다고 성적이 오르는 것은 아니란다. 누구나 목표를 세울 수 있지만, 그것을 이루기는 사실 쉬운 일이 아니란다.

목표를 이루려면 실천할 수 있는 계획을 세워야 한단다. 계획을 세울 때에는 자신이 처한 상황과 현실에 맞게 구체적으로 세워야 해.

한참 커 가는 성장기에 있는 네 나이에 새벽 2시까지 공부하겠다는 계획을 세운다면 어떨까? 잠이 부족하면 키가 크는 데 지장이 생기고, 체력도 떨어져서 금방 지치게 될 거야. 그러면 당연히 수업시간에 집중할 수도 없게 되지. 그래서 계획을 세울 때에는 자신이 처한 상황에 맞게 적절한 계획을 세워야 한단다.

자, 아빠와 함께 너의 꿈을 향해 우선 목표를 세우고 계획을 짜 보도록 하자. 우선 이번 시험에서 성적을 '평균 5점 올리기'라는 목표를 세워 보도록 하자꾸나. 그리고 그 목표를 달성하기 위해 천천히 계획을 세워 볼까?

너는 국어와 사회 과목을 잘하니까 이번 시험공부 계획에는 수학과 과학 공부 시간을 조금 늘리는 게 어떨까? 물론 국어와 사회 공부도 놓쳐서는 안 되겠지. 그리고 컴퓨터 게임 시간을 30분만 줄여 보자. 그러면 30분 동안 공부를 더 할 수 있겠지?

영어 공부는 네가 학교를 오고 가는 길을 이용해서 단어 암기를 하는 것도 좋을 것 같구나. 그러면 10분이나 20분 정도를 더 활용할 수가 있겠지. 평소보다 50분 이상은 더 공부를 할 수가 있게 되는 거야.

또 네가 갑자기 성적을 올린다고 하루에 문제집 10장을 푸는 것보다는 하루에 5장을 풀되, 틀린 문제를 다시 한 번 살펴보는 것으로 대신하자꾸나. 그러면 틀린 문제를 또 틀리는 일은 줄어들 거야.

잠은 항상 충분히 자는 것이 중요하단다. 뇌를 늘 맑게 해 줘야 공부할 때 집중할 수 있으니까.

자, 이렇게 계획표를 짜고 나니 성적이 팍팍 오를 것 같은 기분이 들지 않니? 그렇게 실천하기 어려운 목표나 계획들이 아니기 때문에 부담도 적고 말이야.

목표와 계획을 세우고 공부를 하렴. 그러면 네가 너의 꿈을 향해 성큼 다가갈 수 있을 테니까.

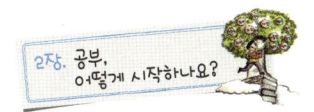

할 수 있다는 자신감을 가지렴

학교라는 무대에서 친구들과 경쟁을 할 때 공부를 잘한다는 것은 곧 너의 자신감이 될 거야. 그리고 넘치는 자신감은 모든 일을 더 잘하게 하는 힘이 되어 줄 거란다.

가끔 어른들이 이렇게 물어보시지 않니?

"너 공부는 잘하니?"

"반에서 몇 등이니?"

그러면 자신 있게 말할 수 있는 아이가 얼마나 될까? 사실 이 아빠도 네 나이 때 어른들이 그렇게 물어보면 대답을 안 하고 방으로 쫄래쫄래 들어가 버리고는 했단다. 그러면 할머니께서 이렇게 말씀해 주셨지.

"우리 아이는 이번에 반에서 13등이나 했어요. 지난번에는 20등이었는데, 이번에 성적이 또 올랐지요."

그러면 어른들은 저마다 칭찬을 해 주셨지.

"공부를 열심히 하는구나."

"다음에는 1등 하겠구나."

이런 칭찬을 들으면 아빠는 기분이 좋아져 나도 모르게 자신감이 생기고는 했단다. 그 자신감을 통해 아빠는 다음 시험을 위해 더욱 열심히 공부를 할 수 있게 되었지. 공부를 잘하기 위해서는 자신감이 필요해. 공부와 자신감이 무슨 관계가 있는 걸까?

아빠의 말을 잘 들어보렴.

우리나라 최고의 기업이라고 할 수 있는 현대그룹을 알고 있지? 현대그룹은 지금은 고인이 되신 정주영 회장이 무일푼으로 시작해서 일구어낸 대기업이란다.

정주영 회장이 처음 '현대조선중공업' 이라는, 배 만드는 회사를 세울 때의 일이란다. 당시 우리나라는 지금과는 달리 매우 가난했어. 그래서 정주영 회장은 외국에서 투자를 받기로 마음먹었지.

하지만 가난하고 기술력도 부족한 작은 나라의 기업인에게 자금을 대줄 외국 기업은 없었단다. 아무도 성공하지 못할 거라고 생각했지. 그때 정주영 회장이 어떻게 했는지 아니?

우리나라 거북선이 그려진 화폐를 들고 외국 기업의 투자가를 만나러 갔단다. 다른 나라에서는 배를 어떻게 만들 것인지 설계도와 자료 등을 가져와서 소개하는데, 정주영 회장은 달랑 지폐 한 장만 들고 갔던 거지. 그리고는 투자자에게 당당히 보여 주며 이렇게 말했단다.

"우리나라는 수백 년 전에 거북선이라는 철갑선을 만들었던 나라입니다. 기술과 자본이 없어도 반드시 세계 최고의 배를 만들어 낼 수 있는 긍지와 자신감이 있습니다!"

정주영 회장은 결국 투자를 이끌어 내는 데 성공했단다. 곧 자신감 넘치던 모습 그대로 훌륭한 기업을 일구었고, 그 기업이 성장하여 마침내 지금의 현대그룹이 된 것이란다.

정주영 회장이 신입 사원들에게 강연을 할 때 빼놓지 않고 하는 말이 있었단다.

"성공은 '반드시 된다'는 90퍼센트의 확신과 '끝까지 할 수 있다'는 10퍼센트의 자신감으로 이루어진다."

자신감을 다른 말로 하면 바꾸면 '용기'와 '배짱'이라고 할 수 있단다. 용기란 스스로 나설 수 있는 의지고, 배짱이란 물러서지 않는 마음이지. 그리고 그 의지와 마음이 하나가 될 때 진정한 자신감이 생기는 것이란다.

　너도 정주영 회장처럼 '할 수 있다'는 자신감을 가져 보렴. 학교라는 무대에서 친구들과 겨룰 때 공부를 잘한다는 것은 곧 너의 자신감이 될 거야. 그리고 넘치는 자신감은 모든 일을 더 잘하게 하는 힘이 되어 줄 거란다.

　지금 네가 반에서 몇 등을 하든지 그것은 크게 상관이 없단다. 중요한 것은 지금부터라도 자신감을 갖고 열심히 공부하는 거야. 그러면 그 자신감이 너를 공부 잘하는 아이로 만들어 줄 테니까.

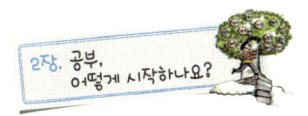

공부의 성취감을 아는 아이가 되렴

누구나 공부를 열심히 하다가도, 난관에 부딪히고 성적이 오히려 떨어질 때도 있단다. 하지만 다시 노력하고 공부해서 성적이 오르면 실패 후에 맛보는 성취감은 몇 배로 더 클 거야.

"공부하기 싫어요!"

"공부는 너무 어려워요!"

네 나이 때는 누구나 공부하는 것보다 노는 것이 훨씬 즐겁고 신 날 거야.

하지만 공부도 신 나고 재미있게 할 수 있다면, 노는 것처럼 좋아지지 않을까?

등산을 할 때 올라가는 길은 험하고 힘들지만 산 정상에 올라가서 눈앞에 펼쳐진 장엄한 광경을 볼 때 느끼는 감정은 말로 표현할 수 없을 만큼 기쁘기도 하고 가슴이 벅차오르기도 하지. 친구들과의 게임이나 시합에서 이기거나 대회에서 상을 받으면 느껴지는 기쁨…… 이러한 것들이 바로 성취감이란다. 무언가를 이루어 냈을 때 느끼는 기쁨의 감정이지.

산악인 엄홍길 대장을 아니? 세계 최초로 에베레스트 16좌 등정에 성공한 최고의 산악인이자 자랑스러운 한국인이란다. 뛰어난 산악인들도 올라가기를 두려워한다는 로체샤르 등반에 성공했지.

많은 사람들이 엄홍길 대장에게 궁금해 하는 것 중 하나가 그렇게 힘난한 산을 왜 오르느냐 하는 것이란다. 극도의 추위, 희박한 공기, 가파른 빙판 절벽, 몇 시간씩 쉬지도 못하고 올라야 하는 힘한 산을 왜 목숨을 걸고 오르느냐는 질문에 그는 이렇게 대답했단다.

"산이 거기 있기 때문에 오르는 것이다. 산에 올랐을 때, 더 이상 오를 곳이 없다는 것을 알았을 때, 그때 느끼는 기분은 마치 내가 신과 1 대 1로 만나는 것과 같은 기분이다."

신을 만난 것과 같은 짜릿한 성취감! 그러한 성취감을 알기 때문에 그는 산을 오르는 거란다.

공부도 마찬가지란다. 처음 시작하는 것이 어렵지, 막상 자리에 앉아서 노력하기 시작하면 그 뒤에 오는 성취감은 매우 크단다.

"공부를 해도 성적이 잘 나오지 않아요."

이렇게 말하는 친구들도 있을 거야. 누구나 공부를 열심히 하다가

도, 난관에 부딪히고 성적이 오히려 떨어질 때도 있단다. 하지만 그건 잠시 겪는 짧은 시련에 불과할 뿐이지. 다시 노력하고 공부해서 성적이 오르면 실패 후에 맛보는 성취감은 몇 배로 더 클 거야.

엄홍길 대장도 한 번에 로체샤르 등정에 성공한 게 아니란다. 로체샤르 등정을 세 번 실패하고 네 번째에 성공했단다. 첫 등반 때는 동료를 둘이나 잃는 아픔을 겪었지. 그리고 정상에 오르지도 못한 채 내려와야만 했단다. 두 번째 도전 때는 정상에도 오르지 못하고 중도에 포기하고 말았단다.

그러나 그는 포기하지 않고 다시 도전했단다. 첫 등반 때 죽었던 동료들의 사진을 가슴에 품고, 다시 한 번 로체샤르에 올랐고 마침내 해내고만 것이지. 그리하여 세계 최초 16좌 등정 성공이라는 대기록을 세우게 된 거란다.

그 순간 얼마나 큰 성취감을 느꼈을지 상상해 보렴. 그 날 엄홍길 대장은 첫 번째 등정에서 성공했더라면 느끼지 못했을 큰 성취감을 맛보게 되었단다. 그 성취감이 어떤 것인지 알기 때문에 엄홍길 대장은 포기하지 않고 계속 도전할 수 있었던 것이지.

지금 네 나이 때부터 그런 성취감을 맛보면서 공부한다면 중학생, 고등학생, 대학생이 되어서도 공부에 대한 재미를 가지고 열심히 할 수가 있을 거야.

물론 네가 원하는 성취감을 맛보기까지는 어렵고 힘든 과정이 있을 거야. 하지만 그 뒤에 네가 갖게 될 것은 천금과 바꿀 수 없는 아주 귀한 것이란다.

"여기는 정상, 더 이상 오를 곳이 없다."

에베레스트의 정상에 오른 그 순간, 엄홍길 대장이 베이스캠프와의 통화에서 했던 말이란다.

정상을 향해, 꿈을 이루기 위해 공부를 즐겁게 시작해 보도록 하자꾸나.

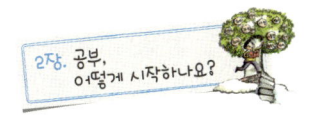

집중력은 스스로 키우는 것이란다

집중력은 공부뿐만 아니라 무슨 일을 하든지 중요하단다. 집중력이 발휘되면 너의 숨겨진 잠재력을 발휘할 수도 있어.

집중력이 좋은 아이가 공부를 잘한다는 말을 들어본 적이 있지? 집중력이란 마음이나 생각을 어느 한 가지에 집중할 수 있는 힘을 말한단다.

집중력은 공부에 많은 도움을 준단다. 산만하게 4시간을 공부한 아이와 집중력 있게 2시간을 공부한 아이 중 누가 성적이 더 좋을 것 같니? 집중해서 2시간 공부한 아이란다.

그 이유가 뭔지 아니? 집중력이 부족한 상태에서 공부를 하게 되면, 머리에 잡생각이 많아져서 공부 내용이 제대로 머리에 들어오지 못하기 때문이란다. 그래서 공부 시간과 관계없이 집중력의 차이가 성적의 차이로 나타나고는 하지.

집중력이 좋은 아이를 둔 부모는 그렇지 않은 아이를 둔 부모에게 종종 이런 질문을 듣는단다.

"아이가 집중력이 좋은 비결이 뭔가요?"

"어떻게 해야 우리 아이의 집중력을 길러 줄 수 있을까요?"

많은 부모들이 자녀의 집중력을 향상시켜 줄 방법을 고민하고 있지. 엄마 아빠도 마찬가지야. 네가 어떻게 하면 집중력을 기를 수 있을까 고민하고 있단다. 최근에는 집중력을 향상시키는 여러 방법을 알려 주는 책들도 나오고 있지만 딱히 정해진 방법은 없어.

그렇다면 집중력을 어떻게 길러야 하는 것일까?

아빠는 이렇게 조언해 주고 싶구나. 집중력이란 누군가 길러 주는 것이 아니라 스스로 키우는 것이라고. 이 아빠가 너의 집중력을 높여 주기 위해서 아무리 노력한다고 해도, 네가 스스로 하지 않으면 소용이 없지 않겠니?

특히 네 또래의 아이들은 주변에서 일어나는 작은 일에도 호기심을 갖기 쉬워서 어느 한 곳에 집중하지 못하는 경우가 많단다. 그래서 어떤 부모들은 아이 방을 단색으로 꾸미고 주변에 장식을 없애는 방법으로 집중력을 향상시키기 위해 애쓰기도 한단다.

하지만 아빠는 너에게 집중력을 강요할 생각이 없단다.

집중력을 어떻게 스스로 키울 수가 있냐고? 이렇게 해 보면 어떨까?

우선 책상에서 30분 동안만 일어나지 말고 앉아 있어 보자. 30분 동안 책을 펴 놓고 공부를 해 보는 거야. 아니면 책을 읽어도 좋고. 그리고 30분은 신 나게 노는 거지. 그 후 다시 30분 동안 공부하렴. 그러면 30분 정도는 집중하는 것에 익숙해지지 않겠니?

이 방법이 익숙해졌다면 1시간으로 시간을 늘려 보렴. 이렇게 조금씩 시간을 늘려가다 보면 30분을 넘어 2시간까지도 집중력을 발휘할 수 있을 거야.

집중력은 공부뿐만 아니라 모든 일에도 효력을 발휘한단다.

세계적인 영화제인 '칸 영화제'에서 '밀양'이란 영화로 한국인 최초로 여우주연상을 수상한 '전도연'이란 여배우를 아니? 그녀가 여우주연상을 받을 수 있었던 결정적인 이유는 연기에 대한, 자신이 맡은 배역에 대한 집중력이 뛰어났기 때문이야. 뛰어난 집중력으로 영화 속 역할을 완벽하게 해내어 세계적인 배우로 인정받을 수 있었지.

그녀의 집중력이 얼마나 뛰어났는가 하면, 영화가 끝난 뒤에도 몇 개월 동안은 영화 속의 인물처럼 행동했다고 해. 그러한 집중력이 그녀에게 수상의 영광을 안겨 준 거란다.

그만큼 집중력은 공부뿐만 아니라 무슨 일을 하든지 중요하단다. 집중력이 발휘되면 너의 숨겨진 잠재력을 발휘할 수도 있어.

혹시 그림 그리는 사람을 본 적 있니? 세 시간 이상 한 자리에 앉아 주변의 소란스러움에도 아랑곳하지 않고, 그림 그리는 일에만 집중하는 걸 보면 놀라울 정도란다.

애야, 집중력을 스스로 키워 보렴. 스스로가 만들어 낸 집중력은 성적 향상뿐만 아니라 삶의 모든 부분에서 너를 도와주는 큰 힘이 될 거야.

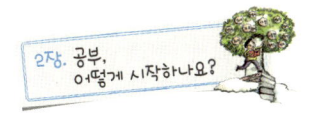

풀리지 않는 문제는 없단다

'나는 할 수 있어', '나는 끝까지 해낼 거야' 하는 긍정적인 마음으로 자기 앞에 있는 어려운 문제를 포기하지 않고 끝까지 해결하려는 끈기, 그런 포기하지 않는 의지를 갖는다면 너는 공부를 잘하게 될 거야.

혹시 공부를 하다가 포기한 적이 있지는 않니?

"이 문제는 너무 어려워서 못 풀겠어."

"이건 나에게는 힘들어서 더 이상 못 하겠어."

이렇게 말하면서 말이야.

생각처럼 문제가 풀리지 않아 쉽게 포기하는 아이들이 많단다. 예를 들어, 수학 문제를 풀 때 한두 번 풀어 보다가 잘 풀리지 않으면 내일로 미루거나 쉽게 포기하고 말지.

그리고 다음 날 그 문제를 다시 한 번 풀어 보고 역시나 잘 풀리지 않으면 또 다음 날로 미루고 말이야.

그러다 결국에는 "이 문제는 도저히 못 풀겠다. 어차피 상관없어. 다

른 문제를 더 잘 풀면 되니까"라고 하면서 포기해 버리는 거야.

이런 아이는 수학 문제뿐 아니라 무슨 일이든지 조금만 어렵고 힘들면 쉽게 포기해 버린단다.

놀 때도 마찬가지야. 혹시 주변에 그런 친구들이 있지 않니? 술래잡기를 할 때 숨어 있는 친구들을 쉽게 찾지 못하면 "재미없어. 나 집에 갈래"라고 말하는 친구 말이야. 그러면 즐겁게 놀던 친구들의 기분까지 깨져 버리게 되지. 그런 친구는 끈기가 없는 거란다.

끈기가 뭐냐고? 바로 포기하지 않는 마음이란다. 너는 끈기를 가지고 있니? 쉽게 포기하지 않고 어떤 일이 해결될 때까지 노력할 수 있는 힘과 근성 말이야. 아빠는 네가 쉬운 일은 물론 어려운 일도 포기하지 않고 끈기 있게 헤쳐나가는 아이가 되기를 바란단다.

절대 포기하지 않는 마음은 언젠가 그것을 반드시 이루고 성공할 수 있는 바탕이 되기 때문이야.

'어차피 잘 안 될 거야', '이렇게 어려운 것을 내가 어떻게 해' 이런 부정적인 마음은 결국 아무 일도 할 수 없게 만들어 버린단다. 언제나 '나는 할 수 있어', '나는 끝까지 해낼 거야' 하는 긍정적인 마음으로 자기 앞에 있는 어려운 문제를 포기하지 않고 끝까지 해결하려는 끈기, 그런 포기하지 않는 의지를 갖는다면 너는 결국 공부를 잘하게 될 거야.

TV에서도 자주 볼 수 있는 '고승덕' 변호사를 알지? 그 아저씨는 서울대학교 법대를 다니면서 외무고시, 행정고시, 사법고시 시험을 모두 합격했단다. 다른 사람들은 하나도 합격하기 어려운 시험인데 말이야. 그리고는 최연소 판사가 되었어. 정말 대단하지 않니?

재미있는 사실은 고승덕 아저씨가 고등학교 때는 수학에서 낙제를 받을 정도로 공부를 못했다는 거야. 그런 평범한 사람이었으니 서울대학교에 들어간 것도 그렇고, 고시에 합격하기까지 얼마나 많은 노력과 끈기가 필요했을지 생각해 보렴.

그만 하고 싶고, 놀고 싶을 때도 포기하지 않고 될 때까지, 풀릴 때까지 참고 해내는 근성, 그것이 바로 고승덕 변호사의 오늘을 만든 일등공신이었단다.

언젠가 아저씨는 방송에서 이렇게 이야기를 한 적이 있단다.

"포기하지 않으면 불가능은 없다!"

그래, 포기하는 순간 정말로 모든 것이 끝이란다.

포기하지 않는 마음을 어떻게 가질 수 있느냐고? 물론 포기하지 않는 마음이 하루아침에 만들어지는 것은 아니란다. 수학 문제를 풀 때 몇 번씩 오답이 나오듯이 여러 번의 실패를 겪어야만 가질 수가 있는 것이야. 2,000여 개가 넘는 발명품을 만들어 낸 과학자 에디슨은 이런 말을 했단다.

"천재는 1퍼센트의 영감과 99퍼센트의 노력으로 만들어진다."

아빠는 99퍼센트의 노력 중에 포기하지 않는 끈기가 포함된다고 생각해.

아무리 힘들고 어려운 문제가 네 앞에 있다고 해도 그것을 피하지 말고 끈기 있게 붙잡고 해결하기 위해, 또 이겨내기 위해 노력해 보렴. 그러면 반드시 해결하고 이겨낼 수 있을 거야. 그런 노력은 어떤 일에서든 너를 1등으로 만들어 줄 거라고 아빠는 확신한단다.

네가 공부할 때 특히 어렵게 느끼는 과목이 있다면 '어디 네가 이기나 내가 이기나 해 보자!' 하는 마음으로 이를 악물고 덤벼 보렴. 스스로 하고자 하는, 결코 포기하지 않는 모습을 보여 주렴. 그러면 어느 순간부터 어려운 과목이 아니라 쉬운 과목이 되어 있을 거야. 스스로의 능력을 믿어 보렴.

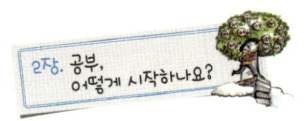

언제나 1등을 목표로 삼으렴

큰 목표를 가진 사람은 달라. 목표가 큰 만큼 그 목표를 이루기 위해서 자연히 더욱 열심히 노력하게 되겠지? 1등을 하는 사람들 중에 1등을 목표로 하지 않은 사람이 없단다.

아직은 시험 날짜가 멀었지만, 어떠니? 공부가 잘 되니?

이번 시험에서 너의 목표는 몇 등이니? 이번 목표는 지난 번보다 더 높이 잡고 있니?

아빠는 네가 1등을 목표로 공부했으면 하는구나. 1등이라는 목표가 너에게 너무 높고 어렵다고? 1등은 아무나 하는 것이 아니라고?

그렇다면 아빠가 재미있는 이야기를 들려줄게.

혹시 '김현근' 형에 대한 이야기를 들어본 적 있니?

김현근 형은 한국과학영재학교를 수석으로 졸업하고 미국의 명문대학인 프린스턴대학교에 합격한 똑똑한 형이란다. 하지만 선천적으로 뛰어난 영재라기보다는 열심히 공부하는 노력형이었어. 게다가 집안이 무척 가난했기 때문에 고등학교에서 더욱 열심히 공부해서 반드시 장학금을 받아야 했어. 부모님의 부담을 덜어 주고 싶어서였지.

그래서 이렇게 목표를 정하고 다짐했지.

'반드시 1등을 해서 장학금을 받고, 공부 잘하는 친구들 속에서 내 가치를 증명해 보일 테다!'

그는 정말 열심히 공부했어. 하지만 한국과학영재학교는 워낙 뛰어난 영재들이 많았어. 머리 좋은 영재들 틈에서 1등을 하는 것은 결코 쉬운 일이 아니었단다. 잠을 줄이고 다른 친구들이 잠을 잘 때 일어나서 공부를 했단다.

그 결과 첫 번째 시험에서 당당히 1등을 거머쥘 수 있었지. 하지만 한 번 1등을 한 것에 만족하지 않았단다. 다른 친구들이 열심히 노력하면 그보다 더욱 노력하며 1등 자리를 꾸준히 지켜냈지. 1등을 하는 것보다 1등을 지키는 것이 더 어려운 법이야. 그런데 김현근 형은 끊임없이 다짐하고 노력하면서 자리를 지켜냈단다.

만일 그가 1등을 목표로 하지 않았다면 그 학교에서 1등을 계속 유지할 수 있었을까?

1등을 차지했다고 만족하지 않고 다시 한 번 목표를 세우고 공부를

했기 때문에 1등 자리를 지킬 수 있었던 거란다.

사람들은 대부분 '그래, 이 정도면 되겠지?', '이만큼 했으면 잘한 거지'라며 쉽게 자기 만족을 한단다. 이러한 사람은 발전이 더딜 수밖에 없어. 왜냐하면 작은 목표를 가지고 있으면 그 정도의 작은 노력만 하기 때문이란다.

하지만 큰 목표를 가진 사람은 달라. 목표가 큰 만큼 그 목표를 이루기 위해서 자연히 더욱 열심히 노력하게 되겠지?

1등을 하는 사람들 중에 1등을 목표로 하지 않은 사람이 없단다.

인천국제공항공사 '이재희' 전 사장은 그 전까지는 단 한 번도 공기업의 대표를 한 적이 없는 사람이었단다. 이재희 사장이 취임할 당시에 인천국제공항은 신설된 공항으로서 입지가 낮아 어려운 상황이었어. 하지만 이재희 사장은 반드시 최고의 국제공항을 만들겠다는 목표를 가지고 노력했지.

그 결과 어떻게 되었는지 아니? 인천국제공항이 세계공항서비스 평가에서 2년 연속 1위에 오르는가 하면, 세계에서 두 번째로 항공화물 운송량이 많은 공항이 되는 등 세계적으로 인정받는 공항으로 우뚝서게 되었단다.

혹시 지금 너의 자리에 만족하고 있지는 않니? '이 정도면 됐어' 하고 손을 놓지는 않았니? 아니면 목표는 1등이지만 말뿐이고 아무런 노력도 하지 않는 것은 아닌지 모르겠구나.

자, 이제라도 너의 목표를 1등으로 수정하는 것이 어떻겠니? 1등은 정해진 것이 아니라, 진정으로 목표를 가지고 노력하는 사람만이 차지할 수 있는 영광의 자리란다.

아빠는 네가 항상 1등을 목표로 하는 아이가 되었으면 좋겠단다. 그러면 언젠가 반드시 1등을 차지할 날이 올 거란다.

3장

공부 잘하는 습관이 있나요?

교과서부터 파고들어라

어떠한 시험 문제라도 결코 교과서의 범위를 넘어서지 않는단다. 그렇기 때문에 교과서를 제대로 보지 않으면 쉽게 문제를 풀 수 없다는 말이지.

어제 네가 문제집을 놓고 끙끙 앓는 모습을 보았단다. 문제가 잘 풀리지 않자, 그냥 문제집을 덮어 버리고 말더구나. 네가 자고 있을 때 아빠가 몰래 문제집을 살펴보았어. 그런데 문제집은 여러 개인데, 끝까지 다 푼 문제집은 없더구나. 그걸 보고 아빠는 웃었단다. 웬 줄 아니? 네 나이 때 아빠도 그랬거든.

문제집을 풀다 보면 어렵고 도저히 알 길이 없어서 뒤에 있는 해답을 보지만 그래도 이해가 쉽지 않을 때가 있어.

그런데 그 사실을 아니? 문제집이나 학습서의 내용은 교과서에서 응용한 것이란다.

교과서를 처음부터 끝까지 제대로 읽어 본 적이 있니? 아니면 어느 한 부분이라도 자세히 들여다본 일이 있니? 아마 거의 없었을 거라는 생각이 든다. 교과서만 잘 봐도 그 속에 놀라운 공부의 재미를 발견할 수가 있단다.

TV에서 방영되어 화제를 모은 '공부의 신(神)'이라는 프로그램을 본 적이 있을 거야.

방송에 출연했던 형과 누나들은 모두 공부를 열심히 해서 좋은 대학에 가거나 각종 학업평가대회에서 상을 탔더구나. 그 형과 누나들에게는 공부를 즐겁게 했다는 것, 남이 놀 때 노력했다는 점 등 여러 가지 공통점이 있는데, 그 중의 하나가 바로 '교과서 위주의 학습법'이란다.

어떠한 시험 문제라도 결코 교과서의 범위를 넘어서지 않는단다. 그렇기 때문에 교과서를 제대로 보지 않으면 쉽게 문제를 풀 수 없다는 말이지. 교과서를 요약해 놓은 학습지도 교과서를 중심으로 만들었기 때문에 간혹 교과서에 있는 내용을 빼놓는 경우가 있단다. 이런 학습지만 믿고 공부를 한 아이들은 시험 문제가 약간만 바뀌어도 당황하게 되지. 교과서의 내용을 모르고 공부를 하면 학원 공부나 과외 공부에서 효과를 크게 얻을 수가 없단다.

"난 학원에서 공부를 열심히 하는데도 성적이 오르지 않아"라며 고민

하며 이 학원, 저 학원 옮겨다니는 친구들이 있지?

그 아이들의 경우 학원에서 배웠다며 교과서로 공부하는 학교 수업에 집중하지 않고 딴 생각을 하기 때문이란다.

학원이나 과외 공부를 해도 학교에서 배우는 교과서 공부에 집중하지 않으면 결코 성적을 올릴 수가 없단다. 학교 시험 문제는 학원이 아니라 학교에서 교과서를 중심으로 만들어 내는 것이니까.

중학교 3학년 때까지 축구 선수를 하다가 부상을 입어 축구 선수의 꿈이 좌절된 '박승희'라는 학생이 있었단다. 운동을 하느라 학교 성적은 하위권이었단다. 게다가 집안 형편이 어려워 남들과 같이 과외를 받을 수도, 학원을 다닐 수도 없었단다. 하지만 그는 교과서를 중심으로 만든 자신만의 공부법으로 1년 만에 전교 1등을 차지했단다.

이처럼 교과서는 모든 공부의 근원이란다. 교과서를 공부하지 않고 공부를 한다는 것은 건물을 지을 때 바닥을 단단히 굳히지 않고 만드는 것과 마찬가지야. 바닥이 굳어 있지 않은 건물은 금방 무너지고 만단다.

그러면 문제집은 전혀 효과가 없는 것일까? 그건 아니란다. 교과서를 먼저 차근차근 공부하고 난 후에 문제집을 풀면, 공부의 효과가 배가 된단다. 교과서의 내용을 미리 알고 공부하기 때문에 문제 풀이가 쉽고 다양한 문제들을 어렵지 않게 풀 수 있기 때문이지.

자, 오늘 학교에서 배운 부분을 복습하기 위해 교과서를 펴 보지 않으련? 그리고 이해할 때까지 읽어 보렴. 그리고 문제집을 풀어 보도록 하자. 어떠니? 문제가 쉬워진 느낌이 들지 않니?

이제 교과서가 왜 가장 중요한지 알 수 있겠지? 앞으로 교과서를 먼저 공부 하도록 하렴. 그러면 너의 성적이 쑥쑥 오르게 될 거야.

3장. 공부 잘하는 습관이 있나요?

선생님께 질문을 자주 하렴

질문은 절대 부끄러운 일이 아니야. 질문은 성적을 올릴 수 있는 지름길이란다. 그 이유는 공부란 모르는 것을 알아가는 과정이기 때문이란다.

아빠가 학교에서 공부를 할 때 싫어했던 아이가 어떤 아이였는지 아니?

수업이 끝나기 직전에 "선생님, 그 부분이 잘 이해가 되지 않습니다. 다시 설명해 주세요"라고 말하는 아이였단다. 수업이 끝나기만을 간절하게 바라고 있는데, 선생님께 질문을 해서 수업 시간이 더 길어지고 그만큼 쉬는 시간이 짧아지게 만들었거든.

그때는 그 아이가 얼마나 얄미웠던지, "나중에 선생님께 따로 가서 물어 봐!"라며 다른 친구들과 함께 화를 내고는 했단다.

그런데 그 아이만의 특징이 있었어.

아빠는 수업 시간에 선생님이 가르쳐 주신 것을 잘 이해하는 편이어

서 질문을 많이 하지 않았지. 그런데 그 아이는 모르는 것이나 이해가 안 되는 것을 꼭 질문하는 거야.

"쟤는 저런 것도 몰라?"

"머리가 나쁜가 보다."

아빠는 늘 그 친구를 가볍게 여겼단다. 그런데 시험만 보면 그 친구는 아빠보다 성적이 좋았고, 나중에는 전교 1등까지 하더구나.

재미있는 것은 전교 1등을 한 후에도 아빠에게 질문을 하는 거야.

"내가 잘 이해가 안 돼서 그러는데 이것 좀 알려 줄래?"

그렇게 물어보면 거절할 수가 없었단다. 왜냐하면 나보다 성적이 좋은 아이가 물어보니까 기분이 좋았거든. 그래서 아빠도 이해하기 쉽게 가르쳐 주며 함께 공부를 했고, 나중에는 그 아이와 친한 친구가 되었지.

이제 와서 생각해 보니까, 그것이 그 아이가 공부를 잘한 비결이 아닌가 싶더구나. 솔직히 아빠도 모르는 것이 있었지만 친구들이 놀릴까 봐 아는 척하고 이해한 척했거든.

그런데 그 아이는 모르는 것은 솔직하게 물어보니 선생님이 더욱 친절하고 쉽게 알려 주시더구나. 그러니 더 빨리 이해를 하고, 두 번 배우게 되는 셈이니 공부의 효과도 두 배가 되는 것이지.

질문은 절대 부끄러운 일이 아니란다.

'아는 길도 물어 가라' 라는 속담이 있단다. 알고 있다고 해도 더 정확하게 알기 위해서 질문을 아끼지 말라는 말이야.

질문은 성적을 올릴 수 있는 지름길이란다. 그 이유는 공부란 모르는 것을 알아가는 과정이기 때문이란다.

20세기에 가장 큰 영향력을 행사한 19세기의 인물 중에 첫 번째로 꼽히는 사람이 바로 '발명왕 에디슨' 이란다. 에디슨은 어린 시절에 궁금한 것이 있으면 무조건 질문을 했어. 가끔은 수업 내용과 관련 없는 질문을 해서 수업에 지장을 주기도 하고, 선생님을 난처하게 만들기도 했지. 그때 선생님은 에디슨이 저능아라며 학교에서 퇴학을 시켰지만 결국 에디슨은 그 호기심과 질문을 하는 자세로 세계 제일의 발명가가 될 수 있었지. 아마 너도 잘 아는 이야기일 거야.

너는 수업 시간에 모르는 것이 있으면 질문을 하니? 부끄러워서 꾹 참고 손을 감추지는 않니?

질문할 줄 모르는 사람은 선생님의 질문에 답을 잘하지 못한단다. 또한 발표도 잘하지 못하지. 질문을 한다는 것은 질문하는 내용에 대해서 적극적으로 알고 싶어하는 마음이 있기 때문이란다. 공부에 적극적인 마음이 없다면 공부를 잘할 수 없어.

누구나 공부를 하다 보면 모르는 것이 나오기 마련이란다. 모르는 문제가 나왔을 때 그냥 모른 채 넘어가 버리면 다음에 또 그런 문제가 나왔을 때 풀 수 있을까? 그러니 모르는 문제가 나오면 먼저 생각해 보고 그래도 모르겠으면 질문을 해서 해결하는 것이 중요하단다.

하지만 아무 질문이나 하라는 말은 아니란다. 만일 음악 선생님에게 수학에 대해서 묻는다면 명쾌한 답이 나오기는 힘들지 않겠니? 질문도 상황에 맞게 해야 한단다. 수학 시간에는 수학을, 과학 시간에는 과학에 대해서 말이야.

    질문하기 전에 먼저 스스로 생각해 보고 그래도 이해가 되지 않을 때 과감히 손을 들고 질문해 보렴. 그런 자세가 너의 성적을 쑥쑥 올려 주는 자양분이 되어 줄 거란다.

3장. 공부 잘하는 습관이 있나요?

너만의 예습 복습 방법을 만들어 보렴

예습과 복습은 성적 향상을 위한 전략이란다. 전략을 잘 세워야만 시합에서 이길 수 있는 것처럼 공부에서도 성적을 올리기 위한 전략이 필요하단다.

 신기하게도 선생님이 묻는 말에 곧잘 대답하는 아이들이 있지? 전에 배운 것도 잊어 버리지 않고 정확하게 말하고, 앞으로 배울 내용에 대해서도 척척 대답하는 아이들. 그런 친구들은 성적도 상위권인 경우가 많지.

 '어떻게 하면 그렇게 성적이 좋고 수업 시간에도 집중할 수가 있을까?' 라는 생각을 해 본 적이 있을 거야. 그리 어려운 것은 아니야. 그 친구들의 공부 비법은 바로 예습과 복습에 있단다. 복습은 배운 내용을 그대로 다시 한 번 공부하는 것이고, 예습은 앞으로 배울 것을 미리 공부하는 거라는 것쯤은 너도 알고 있을 거다.

 예전에 EBS 방송에서 '스스로 공부하는 아이 만들기' 라는 교육 다큐

20분에서 길게는 1시간 정도

멘터리를 방영한 적이 있어.

그때 아이들의 공부를 지도한 심원섭 교수님은 "공부는 전략이고 공부를 잘하기 위해서는 공부의 전략인 예습과 복습을 철저하게 해야 한다"고 말했단다. 그리고 당시 성적이 하위권이던 몇 명의 중학생들이 심원섭 교수님의 지도를 받으며 예습과 복습을 철저히 한 결과, 모두 성적이 월등하게 오르게 되었지.

이처럼 공부를 잘하기 위해서는 예습과 복습을 잘해야 해. 하지만 학교에서 배운 것을 다시 보고, 다음에 공부할 과목을 살펴보는 것은 누구나 할 수 있단다. 그러니 너는 좀 더 특별한 예습, 복습 방법을 계발해서 성적을 올리도록 하렴.

예습과 복습을 하기 전에 기본적인 실력이 있어야 한단다. 가장 좋은 것은 수업 시간에 집중을 하는 거야.

예습은 교과서 위주로 하는 것이 좋단다. 먼저 교과서를 읽으면서 전체적인 내용과 단원에서 가르치고자 하는 것을 파악해야 한단다. 모르는 용어나 단어가 나오면 사전이나 인터넷을 이용해 찾아 보고 네가 볼 수 있게 따로 적어 두는 게 좋단다.

　예습을 오랫동안 하는 것은 좋은 방법이 아니란다. 차라리 그 시간에 복습을 더 하거나 문제집 풀이를 하는 것이 좋지. 아직 배우지 않은 내용이기 때문에 짧게는 20분에서 길게는 1시간 정도만 하렴.

　공부는 시간과의 싸움이기도 하기 때문에 예습을 할 때에도 시간 분배에 신경을 쓰는 것이 현명하단다.

　국어나 사회는 교과서를 한 번 읽는 방식으로, 영어는 배울 단어를 외우고 뜻을 공부하는 방식으로, 수학이나 과학은 문제를 풀어 보는 방식으로 예습하면 더욱 효과적이란다. 풀지 못한 문제는 잘 표시해 두었다가 수업을 듣고 난 뒤에 풀어 보거나 선생님께 여쭤 보면 더욱 머릿속에 잘 남게 될 거야.

예습을 좀 했다고 우쭐해서 수업에 집중하지 않으면, 효과가 전혀 없단다. 예습은 수업 내용의 이해를 돕고 집중을 하기 위해서 하는 거니까.

이번에는 복습을 해 볼까? 복습은 예습보다 오래 할수록 좋단다.

복습을 할 때에는 선생님이 강조하신 부분을 집중적으로 해 보렴. 시험에 잘 나오기 때문이지. 특히 시험 뒤에 틀린 문제를 복습하는 것이 성적 향상의 지름길이란다.

내가 왜 틀렸는지, 어디서 실수를 했는지에 대해서 파악하고 정확하게 답을 찾아내는 방법으로 여러 번 공부하면 다음에 틀리지 않겠지. 수학이나 과학은 문제를 풀어 본 다음 스스로 같은 유형의 문제를 직접 만들어 보는 것이 좋단다. 문제를 직접 만들면서 원리와 과정을 더욱 자세히 알 수 있게 된단다. 그리고 국어, 사회, 영어는 다시 한 번 읽고 강조된 부분은 외워 두어야 해.

복습은 하루에 1시간 정도 투자하고 그 뒤에는 네가 하고 싶은 공부를 하렴. 같은 공부를 너무 오래하면 지루해져 오히려 역효과가 날 수 있으니까. 이렇게 하루에 1시간 정도만 투자해서 복습과 예습을 철저하게 한다면 성적이 오르는 것은 시간문제겠지?

예습과 복습은 성적 향상을 위한 전략이란다. 좋은 작전을 세우는 것이지. 전략을 잘 세워야만 시합에서 이길 수 있는 것처럼 공부에서도 성적을 올리기 위한 전략이 필요하단다. 철저한 예습과 복습을 통해 너의 성적을 한층 높일 수 있도록 하렴.

요점 정리만 잘해도 성적이 오른단다

필기 노트와 요점 정리 노트는 따로 구분하여 만드는 것이 좋단다. 요점 정리를 할 때는 무작정 적는 것이 아니라, 복습을 하면서 적는 것이 중요하단다.

시험 성적이 잘 나오는 아이들이 시험 바로 직전에 공부하는 모습을 살펴본 일이 있니? 물론 너도 공부를 하느라 볼 틈이 없었겠지만 잘 살펴보면 조금 남다른 점을 발견할 수 있을 거야.

가볍게 노트를 들여다보는 아이도 있고 수첩을 꺼내어 공부하는 아이도 있지. 하지만 다른 아이들처럼 교과서나 문제집을 꺼내 보는 아이는 별로 없단다. 왜 그럴까?

13세에 미국 시카고대학교 의과대학원에 입학해 화제를 일으킨 쇼 야노와 10세에 같은 시카고대학교 의과대에 입학한 사유리 야노는 남매란다.

일본인 아버지와 한국인 어머니 사이에서 태어났지. 천재 아이를 낳

077

고 교육을 시킨 엄마 진혜경 씨는 《엄마의 힘》이라는 책을 통해 특별한 학습 방법을 알려 주었단다.

쇼와 사유리를 공부시킨 방법을 보면 조금은 독특한 점을 발견할 수 있는데, 그것은 바로 어른도 읽기 힘든 어려운 고전소설을 읽게 한 뒤 짧게 요점 정리를 하게 한 것이란다.

책 읽기를 좋아하는 두 아이는 책의 내용을 요약하고, 책이 말하고자

하는 주제가 무엇인지를 찾는 공부를 했지. 그러한 노력의 결과 두 아이는 10세의 어린 나이에 명문대학에 입학할 수 있었단다.

바로 요점 정리를 잘하는 법을 어려서부터 터득했기 때문이었어. 요점 정리는 공부 잘하는 아이들이 공통적으로 가지고 있는 공부 방법이란다.

쇼와 사유리의 요점 정리 노트가 어떻게 만들어졌는지 궁금하지 않니? 천재가 만든 요점 정리 노트를 보고 싶은 것은 비단 너만이 아니야. 많은 사람들이 궁금해했기 때문에 방송을 통해 그 노트가 공개되었단다.

그런데 다른 아이들과 크게 다를 것이 없었어. 알아보기 쉽고 깨끗하게 정리가 잘 되어 있는 정도였고 필기 노트와 요점 정리 노트가 따로 있었단다. 너도 요점 정리를 잘하면 충분히 쇼와 사유리 같은 우수한 학생이 될 수 있지 않을까? 그러면 지금부터 쇼와 사유리처럼 요점 정리를 잘하는 방법에 대해 알아보자.

필기 노트와 요점 정리 노트는 따로 구분하여 만드는 것이 좋단다. 수업 시간에 선생님이 하시는 말씀을 모두 다 적을 수가 없기 때문에 필기 노트에 필기를 한 다음에 수업이 끝난 뒤에 집으로 돌아와 요점 정리 노트에 중요한 부분이나 선생님이 강조하신 부분을 알아보기 쉽게 색깔 펜으로 정리하는 것이 좋아.

그렇게 하면 어떤 것이 중요한 내용인지 쉽게 찾아볼 수가 있어 시험 전에도 바로 꺼내어 종합적으로 공부할 수 있게 된단다.

요점 정리를 할 때는 무작정 적는 것이 아니라, 복습을 하면서 적는 것이 중요하단다. 왜 이것이 중요한 내용인가를 파악하고 이해하면서 적어야 더 알아보기 쉽고, 기억이 오래 남기 때문이지.

간단하게 적어 두면 정리된 내용을 보고 스스로 공부한 것을 생각해 낼 수 있기 때문에 머리도 좋아지고 기억력도 향상된단다.

빽빽하게 깨알 같은 글자로 적는 것보다 한눈에 들어올 수 있게 보기 좋은 글씨 크기로 적는 것이 좋단다. 정리된 내용 옆에 여백을 남겨두면 나중에 선생님이 보충해 주시는 내용도 적어둘 수가 있단다.

주의할 점은 너무 예쁘게 만들려고 하지 않아도 된다는 거야. 시간도 오래 걸리고, 여러 가지 색깔 펜을 사용하면 나중에 꺼내어 볼 때 눈에 피로감을 줄 수 있단다. 간단하고 이해하기 쉽고 보기 좋게 정리하면 되는 거야.

자, 이제 친구들과 다른 너만의 강력한 요점 정리 노트를 만들어 보렴. 그러면 시험 시간 전에는 교과서를 펼칠 필요 없이 이 노트만 보면 되겠지? 너의 성적 또한 눈에 띄게 오르게 되어 친구들이 너를 '요점 정리의 달인'이라고 부를지도 몰라.

항상 메모하는 습관을 가지렴

언제나 메모할 수 있는 준비가 되어 있어야 해. 아이디어는 때와 장소를 가리지 않고 생각난단다. 집에 오는 길이나, 친구를 만날 때, 밥을 먹을 때, 잠자기 전에도, 어느 순간에나 생각날 수 있지.

최근에 깜박하고 숙제를 안 해 가서 선생님께 혼난 적이 있지? 왜 숙제가 있다는 것을 잊었을까? 분명히 그 때는 들었는데 말이야.

이 쪽지들이 보이니? 아빠가 네 나이 때부터 시작해서 지금까지 중요한 것이 있을 때마다 써 놓은 메모들이란다.

왜 이런 것을 모아 두고 있냐고? 그 이유는 메모하는 습관이 중요한 것을 잊지 않도록 도와주기 때문이란다.

메모하는 습관이 있니? 머릿속에 저장해 두면 되는 것을 왜 굳이 메모를 해야 되냐고? 그렇게 생각한다면 너는 사람의 기억력에 한계가 있다는 것을 잘 모르는 거야. 들은 즉시 메모를 해 놓지 않는다면 시간이 가면서 점차 잊어버리게 된단다.

수업 중에 선생님이 중요하다고 말씀해 주시는 내용이 있지? 교과서에 없는 내용이라면 책의 빈 공간이나 메모지를 이용해 반드시 기록해 놓아야 해. 그러면 공부를 할 때, 특히 시험 기간에 잊지 않고 한 번 더 머릿속에 새겨 넣을 수 있을 거야.

음악 시간에 '가곡의 왕'이라고 불리는 '슈베르트'에 대해 배운 적이 있을 거야. 슈베르트는 한 번 들은 것이나, 한 번 본 것은 반드시 기억해 두는 버릇이 있었단다. 하지만 나이가 들수록 슈베르트의 기억력도 점차 떨어지게 되었지.

슈베르트는 베토벤이나 모차르트 같은 위대한 음악가들의 음악을 듣다 보면, 자신도 모르게 악상이 떠올랐지만 바로 적어놓지 않으면 다시 기억하기 힘들었어. 그런데 집안이 가난해서 악보를 그릴 수 있는 오선지조차 살 돈이 없었단다. 그래서 슈베르트는 집 안에 남는 천이나 자신의 셔츠에 오선지를 그려 메모를 해 두었다가 나중에 오선지가 생기면 다시 그 위에 악보를 그리곤 했지. 어느 것 하나도 빼놓지 않고 메모하여 기억하려는 노력을 통해 슈베르트는 지금까지도 존경을 받는 위대한 작곡가가 될 수 있었단다.

이처럼 너도 중요하게 생각되는 것을 항상 적어 두면, 나중에 기억해

내느라 애쓸 필요가 없이 필요한 때에 유용하게 쓸 수 있단다.

좋은 글귀나 명언이라든지 또 학습에 도움이 되는 책의 제목 같은 것들도 적어 두면 언젠가 편리하게 사용되지.

메모는 생각에 대한 정리이기도 하며, 자신을 관리하는 최선의 방법이란다. 그리고 성공을 불러오는 '열쇠' 이기도 하지.

그러나 메모하는 이유와 의미를 이해하지 못하고 무작정 메모를 한다면, 그것은 아무 의미 없는 종이쪽지에 불과하게 될 거야. 지금부터라도 좋은 메모 습관을 기르기 위해서 나만의 메모 방법을 익히는 것이 어떨까? 메모는 자신만의 스타일과 목적의식이 없으면 오래 지속되지 못하거든.

자, 먼저 메모를 하는 날짜와 시간을 적어 넣으렴. 그리고 나중에 봤을 때 어떤 내용인지 알아보기 쉽고 정확하게 적어야 해. 대충 적어 놓으면 다음에 다시 보았을 때 알아보기가 힘들단다.

그리고 항상 메모할 수 있는 준비가 되어 있어야 해. 아이디어는 때와 장소를 가리지 않고 생각난단다. 집에 오는 길이나, 친구를 만날 때, 밥을 먹을 때, 잠자기 전에도 어느 순간에나 생각날 수 있지. 떠오른 생각을 '나중에 정리해야지' 하고 미루어 두면 금방 잊어버려 무용지물이 되고 만단다.

물론 수업 시간에는 항상 메모할 준비를 하고 있어야 하겠지? 선생님이 언제 중요한 말씀을 하실지 모르니까 말이야.

이제부터라도 항상 수첩이나 메모지를 들고 다니면서 순간순간 메모하는 습관을 연습하렴. 그러면 언젠가 너에게 그 메모가 큰 도움을 줄 때가 있을 거야. 너의 밝은 미래를 위해 오늘부터 시도해 보지 않겠니?

4장

공부 잘하는
방법이 있나요?

실수만 줄여도 성적이 오른단다

가장 중요한 것은 실수하지 않겠다는 굳은 마음가짐이란다. 차분하게 마음을 가라앉히고 조금은 긴장된 상태에서 시험에 임하면 실수를 줄일 수 있어.

언젠가 시험에서 틀린 문제를 다시 보며 "이 문제는 아는 건데, 실수 했네"라고 말했었지? 또 "실수하지 않았다면 점수가 더 잘 나왔을 텐데……" 하고 아쉬워하더구나.

그래도 다음 시험에서는 실수하지 않겠다고 각오를 새롭게 하는 너를 보고 아빠는 빙그레 웃었단다.

사람은 누구든지 실수를 한단다. 실수를 하지 않는 사람은 없지. 아무리 뛰어난 천재라고 해도, 또 자기 관리가 철저한 사람이라고 해도, 다 실수를 할 수가 있단다.

하지만 실수라는 것은 한 번이나 두 번 정도를 말하는 것이란다. 자꾸 반복되면 실수가 아니라 그 사람의 능력이고 나쁜 습관이야. 그래서 고

쳐야 하는 것이지.

우리는 왜 실수를 하지 말아야 하는 걸까?

실수를 많이 하게 되면, 자신이 원하는 만큼의 결과를 얻을 수가 없기 때문이란다. 몇 달 동안 공부하고 노력해서 시험을 쳤는데 단 한 번의 실수로 원하는 성적을 못 얻는다면 어떻겠니?

공부뿐만 아니라 많은 부분에서 실수 때문에 나쁜 결과를 초래하게 된단다.

혹시 F1 레이싱에 대해 들어 봤니? 자동차를 빠른 속도로 운전하며 승부를 내는 박진감 넘치는 스포츠지. F1 레이싱은 운전을 하는 드라이버, 차를 정비해 주는 등 경기에 도움을 주는 피트, 그리고 뛰어난 자동차가 하나가 되어 승부를 펼치는 스포츠야.

이 경기는 자동차가 시속 300~400km의 매우 빠른 속도로 달리기 때문에 무엇보다도 실수를 하지 않는 것이 중요하지. 드라이버는 운전에 실수가 없어야 하고, 정비하는 피트들도 자동차에 이상이 생기지 않도록 실수가 없어야 해. 자칫 드라이버가 운전 중에 실수를 하거나 자동차 정비에 작은 문제라도 생긴다면 어떻게 될까?

드라이버가 크게 다치고 말 거야. 심하면 목숨을 잃을 수도 있단다.

그렇기 때문에 F1 그랑프리 경기를 '실수가 용납되지 않는 스포츠'라고도 하지.

그래서 이 경기에서는 신인 선수가 우승하는 경우는 거의 없다고 해. 그 이유는 경험이 많은 드라이버일수록 실수가 적기 때문이란다. 즉 실수하지 않는 드라이버가 진짜 실력자라는 거야.

스포츠에서는 단 한 번의 실수가 결과에 큰 차이를 가져온단다. 공부도 마찬가지야. 실수하지 않으면, 그만큼 틀리는 문제도 적어지지 않겠니? 문제를 틀리지 않으면 점수도 자연스럽게 올라가겠지.

그렇다면 실수하지 않기 위해 어떻게 해야 할까?

가장 중요한 것은 실수하지 않겠다는 굳은 마음가짐이란다. 차분하게 마음을 가라앉히고 조금은 긴장된 상태에서 시험에 임하면 실수를 줄일 수 있어. 수업 시간에도 마찬가지로 선생님이 하시는 중요한 말씀을 놓치지 않고 들을 수 있지. 너 자신에게 주문을 걸듯이 이렇게 말해 보렴.

'나는 실수하지 않는다!'

또 천천히 문제를 푸는 자세도 중요해. 아는 문제가 나왔다고 쉽게 생각하고 빨리빨리, 대충대충 넘어가면 실수를 하게 된단다. 차분하게 생각하고 문제를 풀도록 하렴.

그리고 실수했다고 해서 결코 당황하거나 좌절해서는 안 된단다. 한 번의 실수로 자신이 원하는 만큼 성적이 나오지 않았다고 포기하거나 좌절한다면 작은 실수가 큰 실패로 이어진단다. 작은 실수는 쉽게 만회할 수 있지만 실패를 만회하기란 어려운 일이란다.

그러니 실수했다고 해도 결코 실망하지 말고 그런 경험을 통해서 다음에 실수를 하지 않는 정신력과 실력을 키우면 성적을 더 높일 수 있단다.

처음부터 완벽하게 잘하는 사람은 없단다. 지금부터라도 어떤 실수를 많이 하는지 생각해 보고 하나씩 실수를 줄여 나간다면, 실수 때문에 성적이 떨어지는 일은 없을 거야.

시험을 잘 보는 방법은 따로 있단다

시험이 일주일 정도 남았다면 4일 정도는 자신 없는 과목부터 공부를 하는 것이 좋단다. 수학에 자신이 없다면 공식을 다시 한 번 외우거나 문제를 여러 번 풀어보는 식으로 공부를 하는 것이지.

'왜 쟤는 나하고 비슷하게 공부하는데 시험 성적은 나보다 더 나을까?' 이런 의문을 갖는 아이들이 많을 거야. 비슷하게 공부하고 비슷하게 놀았는데 성적은 항상 자신보다 높으니 조금 억울하기도 할 거야.

시험을 잘 보는 방법이 있을까?

무작정 공부만 열심히 하는 것보다는 지혜롭게 공부하는 방법이 있단다. 지금부터 아빠가 하는 말을 잘 들어 보렴.

시험을 잘 보는 가장 좋은 방법은 평소에 기초 실력을 쌓는 거란다. 기초 실력이 탄탄하려면 시험 기간에만 반짝 공부해서는 안 된단다. 수업 시간에 집중해서 공부해야 해. 쉬는 시간에는 잠시 잠을 자거나 친구들과 놀면서 머리를 식히고 공부 시간에는 또 집중해서 배우는 거야.

또 시험 기간을 효과적으로 이용하는 방법도 있어.

시험 기간이 되면 우선 시험을 보기 직전까지 공부 계획을 세밀하게 짜는 것이 중요하단다. 당연히 평소보다는 노는 시간을 줄이고, 공부에 집중하는 시간을 늘리는 것이 중요해. 자기가 어떤 과목에 강하고 어떤 과목에 약한지도 파악해서 계획을 세울 때 반영해야겠지? 특히 자투리 시간을 이용하면 좋단다.

예를 들어 친구들과 수다 떨며 집에 오던 시간에는 영어 단어나 암기할 수 있는 내용을 수첩에 적어 오고 가며 외우면 좋겠지. 그리고 교과서에 표시된 시험 범위 위주로 공부를 하는 것이 중요하단다.

중요한 내용이 있으면, 책의 빈 공간이나 작은 메모지에 적어 두거나 형광펜으로 줄을 그어 표시해 두면 한눈에 살펴보기 쉬울 거야.

시험이 일주일 정도 남았다면 4일 정도는 자신 없는 과목부터 공부를 하는 것이 좋단다. 수학에 자신이 없다면 공식을 다시 한 번 외우거나 문제를 여러 번 풀어보는 식으로 공부를 하는 것이지.

그 후에 남은 시간에는 자신 있는 과목을 점검해 보는 방식으로 공부를 하면 좋단다. 네 스스로 예상 문제를 직접 만들어 풀어 보는 것도 좋은 방법이지.

　시험공부를 한다고 평소보다 잠을 적게 자는 것은 좋지 않단다. 30분에서 1시간 정도는 큰 무리가 없어도, 2시간 이상 차이가 나면 몸이 피로해져서 수업 시간에 집중력이 떨어지게 되거든. 또 시험공부를 할 때도 졸음이 와서 공부를 제대로 할 수가 없단다. 특히 시험 바로 전날 갑자기 벼락치기로 밤을 새워 공부하는 것은 옳은 방법이 아니란다.

　시험 당일에는 평소보다 조금만 늦게 자고 일찍 일어나서 학교에 가렴. 그래서 아침 시간을 이용해 요점 정리한 것을 중심으로 전체적으로 점검을 하는 것이 좋단다. 잘 외워지지 않았던 부분을 다시 한 번 살펴보는 거지. 선생님이 중요하다고 말씀하신 부분도 한 번 더 확인하고 말이야. 그리고 시험을 보고 난 뒤 쉬는 시간에는 다음에 시험 볼 과목에 대해 간단하게 살펴보는 것이 좋단다.

시험을 볼 때에는 우선 전체적으로 시험지를 살펴본 다음 한 문제씩 풀 때마다 요점을 잘 파악하는 것이 중요해. 그리고 잘 외워지지 않았던 공식을 시험지 여백에 미리 적어 두면 그 공식이 필요한 문제를 쉽게 풀 수가 있겠지?

모르는 문제가 나오면 나중에 풀고 우선 쉬운 문제부터 푸는 것이 좋단다. 이때도 방심하지 말고 문제를 잘 읽고 정확하게 풀어야 실수하지 않는단다. 시험을 다 본 후에는 바로 덮지 말고 다시 한 번 전체적으로 살펴보렴.

마지막으로 시험을 치르고 나면 이미 본 시험에 대해서 미련을 버리는 것이 좋단다. 틀린 문제를 보며 아쉬워하기보다는 마음을 정리하고 다음 시험을 미리 대비하는 것이 현명한 거야. 어차피 지나간 일은 돌이킬 수 없단다. 지나간 일에 얽매이기보다는 미래에 시간과 노력을 투자하는 것이 더 낫다는 것을 너도 알고 있겠지?

시험을 어려워하지 말거라. 네가 열심히 공부했다면 노력한 만큼 점

수가 나올 테니까. 그러면 친구들이 이렇게 생각할 거야.

'쟤는 나하고 비슷하게 공부했는데 왜 나보다 성적이 잘 나올까?'

공부의 라이벌을 만들어 보렴

라이벌은 오직 이기기 위해 필요한 존재가 아니란다. '적'이 아니라 서로가 서로에게 꿈과 희망, 용기를 줄 수 있는 고맙고 소중한 존재인 것이지.

너에게 경쟁심을 가지고 있거나, 혹은 네가 경쟁심을 가지고 있는 친구가 있니?

이상하게 그 애한테만 지면 분한 기분이 들지? 반대로 네가 이겼을 때는 너무나도 기쁘고, 다른 아이들에게 이기는 것보다 더 중요하게 느껴질 때가 있지?

이런 마음이 드는 것은 그 아이가 너의 '라이벌'이기 때문이란다.

라이벌은 호적수라는 뜻이란다. 호적수란 한문으로 '좋은 상대'라는 의미를 가지고 있지. 너랑 서로 지지 않기 위해 겨루는 아이가 어떻게 '좋은 상대'가 될 수 있냐고?

네가 그 아이에게 졌을 때, 너는 어떻게 했니? 집에 와서 공부를 무엇보다 열심히 하더구나. 그러면서 넌 그랬지.

"걔한테만은 절대 질 수 없어!"

그 날부터 너는 공부에 더 큰 욕심을 가졌단다. 그리고 시험이 끝나고 집으로 돌아와서 기쁜 얼굴로 소리쳤지.

"내가 이겼어! 내가 그 애를 이겼다고요!"

얼마나 기뻐하던지, 마치 전교 1등을 한 것 같은 얼굴이더구나.

아빠에게도 그런 친구가 있었단다. 그 친구랑 아빠는 만나기만 하면 늘 다투었지. 서로 주먹다짐을 했다는 게 아니라 공부에서도, 운동에서도, 여러 가지 면에서 서로 경쟁을 했어. 나는 무조건 그 친구만은 이기기를 바라며 최선을 다했단다. 그러면서 아빠의 성적은 날이 갈수록 올라갔고, 운동 실력도 좋아졌어. 결국 그 친구 덕분에 모든 면에서 점점 더 실력이 나아졌단다. 시간이 지나서 그 친구를 다시 만났을 때, 친구도 아빠에게 그러더구나.

"나도 그때 너와 경쟁하면서 성적이 오르고 운동 실력도 좋아졌었어."

어른이 되고 한동안은 그 친구 같은 라이벌이 없어서 긴장감도 없고 경쟁의식이 많이 줄었지. 그래서 아빠의 삶이 무기력해지기도 했단다.

그때 아빠는 이런 생각을 했지.

'아, 그 녀석과 함께 공부할 때 난 지금보다 더 열심히 했었는데…….'

라이벌이란 것은 오직 이기기 위해 필요한 존재는 아니란다. '적'이 아니라, 서로가 서로에게 꿈과 희망, 용기를 줄 수 있는 고맙고 소중한 존재인 것이지.

지금 아빠는 눈앞에 보이는 라이벌은 없지만, 어디선가 열심히 노력하고 있을 라이벌을 느끼고 있어. 그래서 지지 않기 위해 최선을 다하며 살아가고 있단다. 보이지 않는 누군가를 소중한 라이벌로 생각하고 말이지.

라이벌이라는 것은 서로를 인정하기 때문에 라이벌이란다.

네가 언젠가 그랬지.

"그 애는 정말 달리기를 잘해요. 하지만 난 질 수 없어요. 언젠가 내가 이길 거예요!"

이는 네가 너의 라이벌을 인정하고 있다는 뜻이란다. 아빠는 그 말을 들었을 때 네가 라이벌에 대한 예의를 갖추고 있다는 것을 알아서 얼마나 기뻤는지 모른단다.

하지만 이것만은 명심하렴. 라이벌을 이기기 위해서 비겁한 방법을 사용하는 것은 절대로 안 된단다. 서로를 인정하고 정정당당하게 승부를 내야지, 무조건 이기기 위해서 비겁하게 군다면 넌 멋진 라이벌이 아니라 못난 패배자가 될 거야.

만약 승부에서 정정당당하게 졌다면, 그건 자신과의 싸움에서 이긴 것이란다. 또 다른 의미의 승자가 되는 것이지.

라이벌과의 승부에서 졌다고 모든 것이 끝나는 것이 아니란다. 그 승부의 결과에 대해서 승복하고 인정을 하렴. 거기에서부터 다시 출발하는 거야. 라이벌의 능력을 인정하고 라이벌을 이기기 위해 최선을 다해 노력하는 거지. 이렇게 서로를 인정하고 선의의 경쟁을 하기 때문에 '라이벌'이란다.

아빠는 네가 좋은 라이벌을 만나 스스로를 성장시키고 그 친구와 함께 미래를 향해 힘차게 달려나갔으면 좋겠구나.

책은 재미있는 선생님이란다

책은 경험이라는 보물이 담겨져 있는 보물 상자와 같단다. 지식을 직접 경험해서 얻는 대신 책을 읽는 것만으로도 배울 수 있다는 것은 대단한 일이야.

어제 네가 독후감 숙제 때문에 급하게 책을 읽는 모습을 보았단다. 급하게 읽고 쓰려다 보니 줄거리를 파악하는 것도 힘들고, 느낀 점을 쓰기는 더욱 어려웠지?

네 모습을 보면서 아빠는 조금 안타까운 마음이 들었단다. 숙제 때문에 억지로 책을 읽기보다 항상 책을 읽는 자세를 가져야 하기 때문이지. 그것은 어린아이부터 할아버지에 이르기까지 모든 사람에게 적용되는 점이란다.

'책은 마음의 양식', '사람은 책을 만들고 책은 사람을 만든다.'

이런 말을 들어 본 적이 있을 거야. 독서의 중요함을 강조한 말들이란다.

네가 평소에 책을 자주 읽는 편이었다면 독후감 숙제를 하기 위해 그렇게 급하게 책을 읽지 않아도 되었겠지. 이미 알고 있는 내용이라면 가볍게 책을 훑어보는 것만으로도 책의 줄거리를 파악할 수가 있었을 테니까 말이야. 그러면 아무래도 독후감 쓰기가 훨씬 쉽지 않았을까?

아빠 서재에 가면 책이 참 많지? 물론 업무에 필요한 책들이 대부분이지만, 그 중에는 인생에 도움이 되는 책들이 많단다.

책에는 다양하고 많은 지식들이 담겨 있어. 교과서만 해도 네가 앞으로 배워야 할 내용들이 담겨 있듯이 말이야.

책은 경험이라는 보물이 들어 있는 보물 상자와 같단다. 오랜 시간을 거치거나, 혹은 어느 한 분야에서 전문적인 경험을 쌓은 사람들이 다른 이들에게 정보와 지식을 전달하기 위해서 만든 것이 바로 책이란다.

지식을 직접 경험해서 얻는 대신 책을 읽는 것만으로도 배울 수 있다는 것은 대단한 일이야. 미국의 제16대 대통령이자, 가장 위대한 대통령 중 한 사람으로 칭송받는 '링컨'은 너무 가난해서 학교 교육을 제대로 받지 못했단다.

그런 그가 어떻게 대통령이 될 수 있었을까? 그는 주변에서 힘들게 얻은 책을 읽는 것으로 공부를 대신했단다. 책을 통해 얻은 지식으로 변호사가 되었고 훗날 대통령까지 될 수 있었던 것이지.

이처럼 책을 읽는 것은 매우 중요하단다. 한 사람의 인생을 바꾸어 놓을 수도 있거든. 그렇기 때문에 수십 번을 강조해도 부족하지가 않지.

하지만 책을 무조건 많이 읽는다고 해서 좋은 지식을 얻는 것은 아니란다. 링컨은 평생 자신이 읽은 책이 4권이라고 말했단다. 물론 링컨은 훨씬 더 많은 책을 읽었지만 이 말은 정독하고 완벽하게 이해했으며 인생에 큰 도움이 된 책은 일생에 4권뿐이었다는 말이야.

책은 많이 읽는 것도 중요하지만 내용을 정확하게 이해해야 하는 것이 더 중요하단다. 같은 책이라고 해도 여러 번 읽을수록 얻을 수 있는 지식이 더욱 많아진단다.

학교에서 수업을 할 때, 선생님이 수업 내용과 관련하여 교과서에 없는 내용을 말씀하시고는 하지? 그럴 때 네가 수업 내용과 관련된 책을 미리 읽었다면 이해하기가 더욱 쉽지 않았을까?

또 책을 많이 읽으면 자연스럽게 공부도 더 잘할 수 있게 된단다. 책 읽는 습관과 함께 이해력이 커지기 때문이야. 수업 내용을 더욱 잘 이해할 수가 있는 것이지.

그래서 책을 많이 읽는 아이들은 수업 시간에 집중력이 좋을 뿐만 아

니라 시험 성적도 잘 나온단다. 책을 통해서 익힌 지식들이 시험을 볼 때 도움을 주기 때문이지. 네가 시험과 한판 승부를 할 때 책을 통해 얻은 지식을 가지고 있다면 승리하기가 더욱 수월하지 않겠니?

 이처럼 책을 읽는다는 것은 네가 전쟁터에 나아갈 때 사용하게 될 무기를 만드는 것과도 같단다. 수십 번을 불에 달구고 망치로 때려야 좋은 명검이 나오는 것처럼, 같은 책이라도 여러 번 반복해서 읽고 정확하게 이해하는 것이 무엇보다 중요하지.

아무리 좋은 명검을 들고 있다고 해도 무엇인가를 벨 수 없다면, 그건 명검이 아니라 그저 녹슨 철검에 불과할 뿐이니까.

학교 숙제와 학원 공부로 시간이 없다는 핑계를 대며 책 읽기를 소홀히 하지 않았으면 한단다. 아빠가 출근 시간을 이용해서 책을 읽는 것처럼, 조금이라도 남는 시간을 이용해 책을 읽으렴. 그러면 그 어떠한 시험에서도 맞서 싸울 수 있는 지식이라는 최고의 무기를 얻게 될 것이니까.

너도 암기의 달인이 될 수 있단다

서로 연관된 것들을 함께 기억해 두면 한 가지를 떠올릴 때 동시에 여러 가지 기억이 떠오르기 때문에 훨씬 쉽게 외울 수가 있단다.

어젯밤에 선생님이 내 준 암기 숙제가 잘 외워지지 않아 힘들어하는 널 보았단다.

매일매일 외워야 할 것들이 너무 많은 것 같지? 학교나 학원에서 공부를 하다 보면, 선생님들이 "이 부분은 중요하니 외워야 해", "이건 외우지 않으면 안 돼." 이렇게 말씀하시면서 암기를 강조하시고는 하지. 공부를 잘하기 위해서는 반드시 외워야 한다고 하시면서 말이야.

"이렇게 많은 걸 어떻게 외우라는 거야?"라며 가끔 짜증을 내는 아이들도 있지. 수학 공식이나 영어 단어, 과학 기호들도 그 중 하나지만, 특히 역사나 사회를 공부할 때 외울 것들이 너무 많고 힘들어. 언제 무슨 일이 있어났고, 누가 그런 일을 했으며, 왜 일어나야 했는지 달달달 외

워야 하기 때문에 매우 힘들 거야.

그런데 공부를 잘하는 친구들이나 암기를 잘하는 친구들을 보면, 신기하게도 금방 외워 버리고는 하지. 또 가끔 TV를 보면 너보다 나이가 어린데도 뛰어난 암기력을 가진 신동들이 나오기도 한단다. 그런 아이들을 보면 부럽고 신기하지?

하지만 너무 부러워할 필요는 없단다. 너도 얼마든지 '암기의 달인'이 될 수가 있으니까.

많고 어려운 내용을 어떻게 다 외울 수가 있을까?

우선 외우는 것이 무엇인지 알아야 한단다. 외운다는 것은 마치 파일을 컴퓨터에 저장하는 것처럼 머릿속에 기억해 두는 것이란다.

《백설공주》나 《흥부놀부전》 같은 동화책을 읽은 적이 있을 거야. 너는 충분히 그 내용을 기억하고 있고, 노트에 간략하게 이야기를 써 보라고 하면 쓸 수도 있겠지.

이상하지 않니? 수학 공식이나 과학 기호는 짧은데 외우기가 어렵고, 왜 수십 장이나 되는 옛날이야기는 머릿속에 남아 있는 것일까?

그건 바로 네가 동화의 내용을 이해하고 있기 때문이란다. 물론 내용을 한 자 한 자 다 외우고 있는 것은 아니지만, 이해를 한다는 것은 전체적인 줄거리를 알고 있다는 뜻이지. 이해한 것은 기억하기도 쉽단다. 그리고 대부분 쉽게 암기에 성공하는 아이들은 무조건 외우는 것이 아니라 암기를 할 내용에 대해서 전반적으로 이해를 하고 있다는구나.

자, 어떻게 암기의 내용을 쉽게 이해할 수가 있는 것일까?

시험에 자주 나오는 을미사변-을미개혁-을미의병을 외운다고 가정해 보자.

을미사변에 대해서 알고 있니? 1895년 10월 8일 우리나라의 명성황후가 경복궁에서 일본의 낭인들에게 시해된 사건이란다. 그렇다면 을미사변이 일어난 이유는 무엇일까?

명성황후는 일본의 세력을 약화시키기 위하여 러시아의 힘을 이용하려고 했었어. 그러자 일본이 우리나라를 자신들의 속국으로 만들기 위해서 러시아와 손을 잡고 명성황후를 살해한 것이란다.

그렇다면 을미사변 이후에 어떤 일이 일어났을까? 명성황후가 사라지고 황권이 약해지자, 일본은 강압적으로 을미개혁을 일으켰단다. 이 을미개혁에는 당시 상투를 틀고 생활하던 우리 조상들에게 머리를 짧게 자르도록 하는 '단발령'도 포함되어 있었어. 한 나라의 국모가 시해된 것을 참지 못했던 국민들은 단발령이 일어난 동시에 을미의병을 일으켜 일본에 대항했단다.

하나의 이야기라고 생각하면 '을미사변 – 을미개혁 – 을미의병'이 다 연결되지 않니?

이처럼 서로 연관된 것들을 함께 기억해 두면 한 가지를 떠올릴 때 동시에 여러 가지 기억이 떠오르기 때문에 훨씬 쉽게 외울 수가 있단다. 마치 책상 정리를 할 때, 비슷한 물건을 함께 정리하는 것과 같은 원리야.

외우는 것은 어느 누구나 노력하면 할 수 있단다. 끊임없이 반복하고 노력하면 외워지지 않겠니? 하지만 외운다고 공부가 끝나는 것은 아니야. 외운 내용을 이해하지 못한다면 진정으로 아는 것이라고 할 수 없으니까.

무조건 외우려 하기보다는 먼저 이해하려고 노력해 보렴. 그럼 분명히 외우는 것이 지금보다 훨씬 쉬워질 테니까.

성공과 실패는 종이 한 장 차이란다

"실패가 나에게 기회를 가져다주었다. 내가 이전 시합에서 실패를 겪지 않았다면, 지금처럼 멋진 프리킥을 찰 수 없었을 것이다. 수많은 실패가 나에게 어떻게 하면 프리킥을 성공적으로 찰 수 있는지 알려 주었다."

세계적인 축구선수 '데이비드 베컴'은 잘생긴 얼굴뿐만 아니라 뛰어난 실력으로 세계인들의 주목을 받고 있었단다. 하지만 1998년 월드컵 16강전에서 프리킥 도중 상대편이 방해를 했다는 이유로 상대편에게 폭력을 쓰는 경솔한 행동을 했어. 프리킥도 실패했고, 그로 인해 퇴장을 당하면서 팀은 패배하고 말았지.

결국 베컴은 실패자로 낙인찍히고 말았어. 그러나 그는 다시 일어섰단다. 3년 반 동안 끊임없이 프리킥을 연습했고, 축구선수로서의 삶을 포기하지 않았어.

시간이 지나 그는 2002년 월드컵 본선 진출을 결정짓는 그리스와의 시합에 출전하게 되었어. 그때 또 한 번 프리킥의 기회가 찾아왔어. 모두가 긴장한 가운데 베컴이 공을 찼단다. 공은 아름다운 선을 그리며 상대편 골문에 빨려 들어갔지. 그날로 그는 세계에서 가장 날카로운 프리킥 실력을 가진 축구선수로 명성을 날리게 되었고, 이후 축구 종가인 잉글랜드의 주장으로 인정을 받게 된단다.

그날 많은 기자들이 그에게 "당신을 세계적인 축구선수로 만든 계기가 무엇입니까?"라고 묻자 그는 이렇게 이야기했단다.

"실패가 나에게 기회를 가져다주었다. 내가 이전 시합에서 실패를 겪지 않았다면, 지금처럼 멋진 프리킥을 찰 수 없었을 것이다. 수많은 실패가 나에게 어떻게 하면 프리킥을 성공적으로 찰 수 있는지 알려 주었다."

그래, 만일 그가 실패를 겪지 않았다면, 어떻게 프리킥을 다른 선수들보다 더 잘 찰 수 있을지 연구하고 노력하지 않았겠지. 실패를 통한 수없이 많은 연습과 노력이 그를 훌륭한 축구선수로 만들어 준 셈이야.

그런데 대부분의 사람들은 한 번 실패하면 이런 생각을 한단다.

"어차피 또 실패할 텐데 도전해 봤자 소용이 없을 거야."

"시간만 아깝지, 차라리 다른 것을 해 보는 게 나을 거야."

참으로 안타까운 생각이란다. 그런 사람들은 실패에서 다시 일어설

수 있는 기회를 찾는 대신 그냥 주저앉고 말지. 성공할 수 있음에도 불구하고 다시 도전해 볼 용기조차 내지 않는단다.

아빠는 네가 그런 사람이 되지 않기를 바란단다. 자신이 이루기로 한 꿈을 한 번의 실패로 포기한다면, 그것을 꿈이라고 할 수가 없겠지.

많은 과학자들이 하나의 발명품을 만들기 위해서는 수백, 수천 번의 실패를 겪는단다. 그러나 결국에는 훌륭한 발명품을 만들어 내었지. 그

것은 바로 '실패하는 법'을 알았기 때문에 '성공하는 법'도 찾을 수가 있었던 거란다.

공부할 때 당연히 많은 어려움이 따를 거야. 틀린 문제를 또 틀리기도 하고, 이해되지 않는 과목도 있고, 너무 어려워 쉽게 포기할 때도 있겠지. 또 열심히 공부했는데 엉뚱한 실수를 할 때도 있고 말이야. 그렇지만 그렇게 실패를 했다고 해서 모든 것이 끝나는 것이 아니란다.

오늘 네가 어떤 문제를 틀렸다면 실패를 인정하고, 왜 틀렸는지 원인을 찾아보렴. 그러면 다음 번에 똑같은 실패를 되풀이하지 않게 될 거야. 설령 또다시 실패했다고 해도 분명 실패한 또 다른 이유가 있을 거야. 그러니 꾸준히 연구하고 노력해 보자.

에디슨은 무려 13,000번의 실패를 통해 결국 필라멘트를 만들어 냈단다. 그 덕분에 우리는 어두운 밤에도 부딪히지 않고 걸어다닐 수 있게 되었지.

에디슨이 이런 말을 했단다.

"오늘의 실패는 내일 올 성공의 어머니다."

너도 어제의 실패를 기회로 삼아 오늘 다시 일어서는 현명한 아이가 되렴.

5장

과목별 공부 잘하는 방법은 무엇인가요?

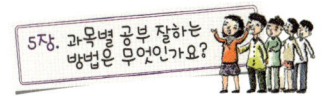

국어 잘하는 법

국어를 잘하려면 어휘력을 길러야 한단다. 어휘력을 기르기 위해서는 다양한 책을 많이 읽는 것이 좋단다.

우리가 항상 쓰고 말하고 듣는 것이 바로 국어란다. 생활 속에서 가장 많이 사용하기 때문에 굳이 국어 공부를 따로 할 필요가 있을까 하고 생각할 수가 있단다.

하지만 세계에서 과학적인 문자로 인정받는 언어이면서 우리가 가장 많이 사용하는 국어는 한국인이라면 반드시 공부해야 하는 거란다. 미국이나 영국 사람이 영어를 잘 못한다면 이상하지 않겠니? 대한민국 국민으로서 국어를 사랑하고 열심히 공부하는 것은 당연한 일이란다.

그런데 쉬울 것 같은 국어 공부는 좀처럼 쉽지가 않단다. 특히 저학년에서 고학년으로 올라가면 갈수록 어려운 부분이 많아지지. 잘 이해되지 않는 문장이나 단어들, 함축된 의미를 찾고 전체적인 문맥을 파악하는 등…… 어려운 점이 많단다.

그러면 어떻게 해야 국어를 잘할 수가 있게 될까? 지루하고 재미없는 국어 공부를 신 나고 즐겁게 할 수 있는 방법이 없을까?

국어 공부를 잘하기 위해서는 먼저 '국어 마인드'를 가져야 한단다. '국어 마인드'란 국어를 사랑하는 마음이란다. 내 나라의 말을 사랑하고 아끼는 것은 국민의 의무이기도 하지만 국어를 사랑하지 않는다면 어떻게 국어 공부를 열심히 할 수 있겠니. 먼저 국어를 사랑하고 아끼는 마음을 가지고 임해야 국어 공부를 잘할 수가 있는 거야.

그리고 국어를 잘하려면 어휘력을 길러야 한단다. 어휘력을 기르기 위해서는 다양한 책을 많이 읽는 것이 좋단다.

위인전, 소설, 에세이, 시집 등 다양한 단어를 구사하는 책들을 읽으면 읽을수록 어휘력도 늘고 어려운 문장이나 단어도 쉽게 이해할 수 있는 힘을 기를 수 있지.

게다가 시험 문제는 지문이 대부분이기 때문에 책을 많이 읽는 습관을 기르면 지문을 읽고 이해하고 문맥을 파악하는 능력도 동시에 길러지게 되어 시험도 잘 볼 수 있단다.

"바빠서 책을 읽을 시간이 없어요"라고 말하지 말고, 학교에 오가는 시간, 쉬는 시간, 자기 전에 책을 읽는 습관을 기르렴.

너희들이 자주 사용하는 줄임말이 있잖니, 예를들면 '안녕하세요=안녕하삼', '완전히 소중한 아이=완소아' 등의 줄임말이나 또 '헐', '레알' 등 유행어 사용을 자제하렴. 웅변을 할 때 줄임말이나 유행어를 사용한다면, 과연 너의 말에 설득력이 있을까?

아름다운 우리말은 그대로 사용하는 것이 좋단다. 그래야 말솜씨가 늘어 말하기 능력도 길러지게 될 테니까.

듣기와 읽기를 잘하기 위해서는 책을 읽을 때 발음에 주의하며 소리 내어 읽어야 한단다. 친구와 함께 읽는다면 서로의 장단점을 찾아 보완할 수가 있기 때문에 좋을 거야.

국어에는 한자어가 무려 70%나 존재한단다. 긴 말뜻을 간편하게 한자로 만들어 놓은 한자어는 그 뜻이 어렵기 때문에 한자어 실력을 기르는 것이 필요해. 이를 위해서는 신문이나 사설, 논문, 뉴스를 자주 보는 것이 중요하단다.

특히 요즘 인터넷에서는 초등학생을 위한 한자어 풀이가 된 신문이나 뉴스 등을 동영상으로 볼 수 있기 때문에 인터넷을 이용하면 공부하기가 한결 쉬울 거야.

쓰기를 잘하려면, 우선 글을 자주 써 봐야 해. 글 솜씨가 늘기 위한 좋은 방법 중의 하나가 일기를 쓰는 것이란다. 일기를 쓰면서 너만의 다양한 감정을 글로 표현하면 실력이 늘게 되지. 편지도 좋은 방법이란다. 친구들과 이메일이나 편지를 주고받으면 글쓰기 실력이 늘고 친구와 우정도 쌓을 수가 있단다.

마지막으로 국어 시험을 잘 보기 위해서는 시험을 볼 때 문제를 차분히 읽고 문제의 함정에 빠지지 않는 것이 중요하단다. '~이 아닌 것', '~라고 볼 수가 없는 것'이라는 문장을 잘 파악해 반대로 이해하는 일이 없도록 하는 것이 중요하지.

국어는 계속해서 네가 공부할 가장 소중한 과목이란다. 아빠는 네가 국어를 사랑하고 아낀다면, 국어 실력이 좋아지고, 자랑스러운 우리나라의 인재가 될 거라고 생각한다.

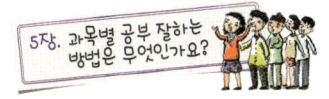

수학 잘하는 법

수학은 기호와 숫자, 그리고 공식을 알고 있으면 쉽지. 기호와 숫자, 공식 등이 가지고 있는 '약속'을 제대로 이해해야만 정말 네 것이 될 수 있어.

"수학은 재미없고, 어렵기만 해요. 계산만 잘하면 되지 어려운 문제를 왜 풀어야 되죠?"

너는 수학 문제를 풀다가 종종 이런 말을 하지. 사실 네 또래의 아이들이 가장 어려워하는 과목이 바로 수학이란다.

아빠도 초등학교 때는 수학 과목이 싫었어. 또 싫어하는 만큼 성적이 나빴지. 그런데 중학교에 들어가서 수학을 제대로 공부하면서 수학이 생각보다 어렵지 않다는 것을 알게 되었단다. 그 방법이 무엇이냐고?

수학을 잘하는 아이들이 공통적으로 말하는 것이 '수학은 다른 공부에 비해 단순하게 생각하라'는 거야. 그러면 훨씬 잘할 수 있다는 거지. 아빠가 좀 더 자세히 설명해 줄게.

　24세의 나이에 캘리포니아대학교의 수학 교수가 된 '테렌스 타오'라는 사람이 있었어. 9세라는 어린 나이에 대학에 입학했고, 29세의 나이에 수학계의 노벨상이라고 불리는 '필즈 메달'을 수상하기도 했지. 수학에 있어서는 가히 천재라 불리는 그도 이런 말을 했단다.

　"수학은 단순합니다. 도형과 기호와 숫자만 알면 어떠한 계산이든지 가능하지요. 수학은 약속으로 이루어졌습니다. 반드시 지키게 되어 있는 법칙이 있지요. 그것만 알면 수학을 재미있게 공부할 수 있어요."

테렌스 타오의 말이 정말일까? 수학을 쉽고 재미있게 공부할 수 있는 비결이 무엇인지 알아보도록 하자꾸나.

수학은 숫자와 도형, 기호와 공식들로 이루어진 단순한 과목이란다. 다른 과목들은 공부하면 할수록 어려워지지만, 수학은 공부하면 할수록 쉬워진단다. 그런데 수학이 왜 그렇게 어려운 걸까?

수학을 어려워하는 첫 번째 이유는 기호와 숫자에 관심이 없기 때문이란다. 수학은 기호와 숫자, 그리고 공식을 알고 있으면 쉽지. 그런데 중요한 것은 기호와 숫자, 공식 등이 가지고 있는 '약속'을 제대로 이해해야만 정말 네 것이 될 수 있다는 거야.

예를 들면, 기호의 경우 '덧셈' 기호는 숫자를 더하고, '뺄셈' 기호는 숫자를 빼는 것, 이것이 바로 기호가 가진 약속이란다. 이러한 기호들이 가진 약속을 이해하고 외우는 것부터 시작해야 하지.

네가 만일 기호가 어떤 약속을 가지고 있는지 이해하지 못했다면 이전에 배운 수학 교과서를 가지고 다시 공부해 보렴. 수학은 사고력과 응용력이 필요한 과목인데, 기초적인 기호와 공식이 가진 약속을 모른다면 제대로 응용할 수 없는 거야.

학년이 오를수록 수학 문제는 점점 단순한 계산식을 벗어나 논리력과 응용력을 필요로 하게 된단다. 하지만 결국에는 계산식으로 문제를 풀어내는 것이 수학이기 때문에 덧셈, 뺄셈, 곱셈, 나눗셈의 단순한 계산을 할 수 있는 기본적인 능력을 익히는 것이 좋단다. 구구단을 잘 외우면 곱셈과 나눗셈을 잘할 수 있는 것처럼 말이야.

수학은 자꾸 문제를 풀어 봐야 실력이 는단다. 계산을 많이 하면 할수록 계산 능력이 커지듯이 문제 풀이를 자꾸 반복하는 것이 성적 향상의 지름길이지.

많은 문제를 풀수록 어떤 공식과 약속을 적용할 수 있는 문제인지 보이게 된단다. 물론 자신의 수준에 맞는 문제부터 시작하는 것이 좋아. 그리고 똑같은 문제보다는 비슷한 유형의 문제를 풀면 논리력도 자란단다.

문제가 잘 안 풀린다고 수학을 포기하지 마렴. 막혀도 포기하지 말고 자신의 힘으로 천천히 풀어 나가는 자세가 중요해.

수학 실력을 높이고 싶지? 지금부터 수학의 원리를 이해하며 꾸준히 문제를 풀고 그 약속을 파악하기 위해 노력하렴. 그러면 노력한 만큼 네 수학 점수가 높아질 테니까.

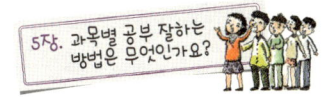

영어 잘하는 법

영어 실력은 공부를 시작하는 시기가 중요한 것이 아니라 얼마나 영어에 흥미를 가지고 좋아하고 공부하느냐에 달려 있단다.

요즘은 초등학교에서도 영어 교육이 한창이더구나.

영어는 세계의 공용어이기 때문에 영어를 잘하지 못하면, 큰 꿈을 펼칠 수가 없단다. 영어를 마치 우리나라 말처럼 사용할 수 있게 된다면 너의 미래에 많은 도움이 될 거야. 하지만 우리나라 말을 배우는 것도 어려운데, 영어까지 배우려니 참 힘들지?

너와 같은 또래임에도 불구하고, 어른들도 어려워하는 토익시험에서 만점을 받은 '혜진'이라는 친구가 있단다. 놀랍게도 혜진이는 한 번도 외국에 나가서 공부한 적이 없고, 따로 영어 학원에 다닌 적도 없다는구나.

혹시 걔는 천재가 아니냐고? 그렇지 않단다. 혜진이는 영어를 특히 잘할 뿐, 다른 과목이나 아이큐는 보통 수준이란다.

혜진이가 영어를 잘하게 된 가장 큰 이유는 영어 공부를 참 좋아했기 때문이야. 영어로 읽고 듣고, 말하는 것을 신 나게 즐겼지. 매일 좋아하는 팝송을 듣고, 영어책을 읽고, 영어로 말하는 것을 좋아했어. 영어에 대한 남다른 관심과 애정, 그리고 즐겁게 영어 공부를 했기 때문에 영어 영재가 될 수 있었던 거란다.

"영어는 재미있고 신 나요. 나는 참 영어가 좋아요. 좋아하니까 잘할 수 있는 거예요."

너도 네가 좋아하는 것은 정말 잘하지 않니? 네가 좋아하는 컴퓨터 게임은 너희 반에서 제일 잘하는 것처럼 말이야. 너도 지금부터 영어를 좋아하고 즐긴다면 혜진이와 같은 영어 천재가 될 수 있단다.

너무 늦은 것 같다고? 아니란다. 늦은 나이에 영어를 시작해 영어 교수가 된 사람도 있고, 50세에 토익 만점을 받은 아저씨도 있단다. 영어 실력은 공부를 시작하는 시기가 중요한 것이 아니라 얼마나 영어에 흥미를 느끼고 좋아하고 공부하느냐에 달려 있단다.

그렇다면 용기를 가지고 아빠와 함께 영어에 관심을 기울여 볼까?

영어 공부를 잘하려면 영어에 대한 흥미가 있어야 한단다. 흥미가 없다면 좀처럼 실력이 늘지 않지. 그럼 어떻게 해야 영어에 대한 흥미를 키울 수가 있을까?

네가 좋아하는 스포츠 경기나 컴퓨터 게임을 보면 영어로 된 단어들이 많이 나오지. 그럼 그 단어부터 공부를 시작해 보는 것이 어떨까? 자신이 좋아하는 분야부터 영어 공부를 한다면 자연스럽게 영어에 흥미가 생기기 마련이란다.

학교에서 영어 공부를 할 때 모르는 것이 있다면 부끄러워하지 말고 모른다고 하렴. 한국인인 네가 영어를 잘 못하는 것은 부끄러운 일이 아니야.

영어 선생님이 영어로 질문했을 때 모르면 "I don't know"라고 말하면 더욱 자세하게 설명해 주신단다. 그리고 알고 있는 내용이면 당당하게 안다고 답하렴. 자신감이 영어 실력을 키워 준단다.

영어 공부는 꾸준하게 해야 된단다. 혜진이가 매일 같이 영어

동화를 읽고 영어로 말하기를 하지 않았다면 영어 영재가 될 수 있었겠니? 너도 매일매일 영어 공부를 한다면 나날이 실력이 향상될 거야.

영어 실력을 키우기 위해서 엄마 아빠와 함께 영어로 대화를 나누는 것이 어떨까? 물론 처음에는 힘들겠지만 나날이 영어를 사용하는 일이 쉬워지고 자연스럽게 될 거야.

무리하는 것은 좋지 않단다. 하루에 적당한 시간을 두고 영어 공부를 하렴. 간단하게 생각하면 하루에 영어 단어 2개씩만 외운다고 해도 1년이면 영어 단어를 700개 이상을 외우게 되잖니? 너무 무리해서 공부를 하면 오히려 역효과가 생겨 영어에 대한 흥미를 잃을 수가 있단다.

영어를 잘하는 방법 중에 하나가 영어권 나라들의 문화를 이해하는 거란다. 네가 좋아하는 영국의 프리미어리그나 미국의 메이저리그 같은 경기를 보면서 그 나라의 문화를 이해해 보도록 노력하렴. 그러면 영어가 한층 더 가까워지는 것을 느낄 거야.

하루아침에 영어를 잘하는 사람은 없단다. 그러니 너무 조급해하지 말거라. 얼마나 영어에 대해 흥미를 가지고 노력하며 즐겁게 공부하느냐에 따라 영어 실력이 향상되는 거란다.

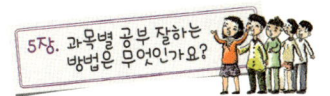

과학 잘하는 법

과학은 '원리'를 아는 것이 핵심이란다. 왜 이러한 과학적 현상이 생기는지 그 원리를 먼저 이해하고 파악해야 하지.

아빠가 네 나이 때 가장 좋아했던 과목은 과학이란다. 과학은 아빠의 호기심을 풀어 주고, 탐구심을 키워 주었으니까.

여러 가지 물질과 물체, 물과 흙과 공기, 별자리, 날씨와 계절, 식물과 동물, 우리 몸, 전기 등 사람과 자연, 주변의 모든 사물에 대한 내용으로 가득한 과목이 과학이란다.

특히 아빠는 별에 관심이 많아서 학교 수업 외에도 혼자 책을 읽어 보거나 망원경으로 천체 관측을 하며 공부를 했단다.

너에게 과학은 어떤 과목이니?

과학은 사람이 가질 수 있는 호기심을 객관적으로 풀기 위한 학문이라서 네가 호기심과 궁금증을 가지고 있는 것을 과학적인 사고를 통해서

 풀 수가 있단다. 따라서 과학 과목을 공부할 때는 먼저 흥미와 호기심을 갖는 것이 무엇보다 중요하단다.

 영국의 동부지역에 사는 한 아이는 과학자가 꿈이었단다. 이 아이는 자라면서 마을 산 어귀에 있는 사과나무 아래 혼자 앉아 있을 때가 많았지. 어느 날 아이는 궁금증이 생겼단다.

'왜 사과는 옆으로 안 떨어지고 위에서 아래로 떨어지는 것일까? 그리고 달은 사과처럼 아래로 떨어지지 않고 옆으로 지는 걸까?'

참을 수 없는 호기심에 아이는 탐구를 하기 시작했지. 그 과정에서 모든 물체는 서로 끌어당기는 힘이 있고, 그 힘은 거리의 제곱에 반비례하며, 물체의 질량에 비례한다는 '만유인력의 법칙'을 발견하게 되었단다. 인류과학사에 길이 남는 발견을 한 이 아이가 바로 '뉴턴'이라는 과학자야.

작은 호기심에서 시작된 그의 탐구심은 새로운 과학의 역사를 창조해 낸 것이지. 이처럼 과학은 호기심에 대한 답을 주는 동시에 놀라운 발견을 할 수 있게 도와준단다.

너도 호기심이 많고 탐구심이 많은 아이잖니. 그런 너의 호기심을 과학으로 풀어 보는 것이 어떨까? 그러면 너의 과학 실력도 부쩍 늘게 될 거야.

과학을 잘하기 위해 꼭 기억해야 할 것은 앞에서 말했듯이 호기심을 갖는 것이란다. 그리고 과학 관련 책을 활용하는 방법이 있단다. 초등학교 과학은 전체적으로 기본적인 과학의 법칙이나 원리를 배우는 과정이기 때문에 자세한 설명이 부족할 수가 있단다. 그때는 배우고 있는 단원에 관련된 과학책이나 백과사전, 인터넷을 찾아보면 더 많은 궁금증을 해결할 수가 있단다.

과학은 '원리'를 아는 것이 핵심이란다. 왜 이러한 과학적 현상이 생기는지 그 원리를 먼저 이해하고 파악해야 하지. 원리를 모르면 과학 용어를 제대로 이해할 수 없고 문제 풀이도 어려워진단다.

원리를 이해하기 위해서는 원인과 결과를 관찰하는 자세가 중요하단다. 그래서 수업 시간에 실험에 열심히 참여하는 것은 과학 공부를 잘할 수 있는 비결 중의 하나란다. 그저 이론만 듣는 것보다 실험을 통하여 직접 과학적인 현상을 보고 배울 수 있기 때문이지.

실험에 참여할 때는 적극적인 자세가 필요하단다. 시키는 대로 수동적으로 하기보다는 왜 이러한 현상이 일어나는지 스스로 호기심을 갖고 적극적으로 관찰하고 기록하여 그 원인과 결과를 제대로 이해할 수 있어야 해.

과학 과목은 어려운 용어나 기호가 많이 나온단다. 이런 용어가 가진 개념을 이해해야 과학 공부가 쉽단다.

문제를 자주 풀어 보는 것도 잊지 말거라. 과학 문제는 그림 문제가 많기 때문에 도표와 그래프를 먼저 이해하는 것이 중요하지. 반복해서 문제를 풀면 그림이나 도표를 이해하는 데 많은 도움이 된단다.

그리고 문장만으로 된 문제가 나왔을 경우에는 스스로 도표를 그리며 문제를 풀면 더욱 쉽게 풀 수가 있단다.

네 나이 때에 많은 호기심과 탐구심을 갖는 것은 매우 좋은 일이란다. 너의 넘치는 호기심을 풀기 위해 탐구하고 연구하고 원리를 찾기 위해 노력하면 과학 공부를 더욱 신 나게 할 수 있을 거야.

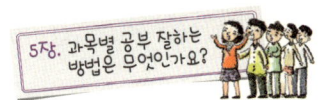

사회 잘하는 법

사회 과목의 공통점은 원인과 결과 그리고 현상, 이 세 가지로 구성되어 있다는 거야. 이 세 가지를 알면 이해하는 것이 훨씬 쉬워지지. 먼저 이해를 하면 쉽게 외울 수도 있단다.

요즘 초등학생 아이들이 공부할 때 가장 부담스러워 하는 과목이 사회라고 하더구나. 사회 교과서에 공부해야 할 내용이 많고 다양하기 때문이지.

사회 과목에는 지리, 역사, 경제, 정치, 사회 현상에 대한 많은 내용이 담겨져 있지. 이렇게 여러 가지 내용이 있기 때문에 이것을 다 공부하기란 힘들단다. 게다가 수학처럼 풀이를 하기보다는 이해와 암기 위주의 과목이라서 모두 공부하려면 앞이 깜깜하다는 생각이 들기도 하겠지.

하지만 사회 과목은 공부하는 방법만 제대로 알면 쉽고 재미있는 과목이란다. 어떻게 하면 사회를 쉽게 공부할 수 있는지 알려줄 테니 한번 해 보지 않으련?

사회를 잘하려면 무조건 외우려는 습관부터 버려야 한단다. 보통 "사회 공부를 잘하려면 어떻게 해야 되나요?"라고 물으면 "암기 과목이기 때문에 무조건 외워야 된다"고 말하지만 그건 잘못된 생각이야. 아무리 외워도 이해하지 못하고 외우면 공부의 효과가 없단다. 오래 기억하기도 힘들고 말이야.

그러면 어떻게 해야 사회 과목에 대한 이해력을 높일 수가 있을까?

지리, 정치, 역사, 경제, 정치, 사회 현상에는 공통점이 있어. 원인과 결과 그리고 현상, 이 세 가지로 구성되어 있다는 거야. 이 세 가지를 알면 이해하는 것이 훨씬 쉬워지지. 일단 이해한 후에는 쉽게 외울 수도 있단다.

예를 들어 사회 시간에 수도권이 형성되는 이유를 배운 적이 있을 거야.

우선 원인을 살펴보도록 하자. 역사와 전통을 지닌 우리나라의 수도가 서울이라는 것이 원인이 된단다. 그렇다면 결과는 뭘까? 수도권에는 행정기관이 밀집되어 있어 교통이 편리해질 수밖에 없지. 사람은 편리한 생활을 추구하기에 교통과 행정 업무가 편리한 서울로 오게 되고 당연히 인구가 집중되게 되지.

인구가 많으면 소비자가 늘어나 경제 활동이 원활해져서 기업들도 서울에 집중되게 되고, 자연스럽게 직업군과 교육기관이 늘어난단다. 그 결과로 서울 주변 도시가 함께 발달하여 수도권이 형성되는 거란다. 그로 인해 수도권은 지방에 비해 인구 밀도 등 모든 부분에서 차이가 발생하는 것이란다.

원인을 통해 결과와 현상을 알고 나니 이해가 쉬워진 것 같지? 무조건 외우는 것보다는 이렇게 전체적으로 이해를 하는 것이 사회를 잘할 수 있는 비결이야.

사회를 잘하기 위해서는 사회에 대한 관심도 중요하단다. 과학을 잘하기 위해 호기심이 필요하듯이 사회에서 일어나는 일들에 대해 관심을 가져야 해. 아빠가 언제나 신문과 뉴스를 보잖니? 뉴스를 보면 세상이 어떻게 돌아가는지 알 수가 있단다. 너도 신문과 뉴스를 보면서 사회가 어떻게 돌아가는지 관심을 가져 보렴. 그런 관심이 사회 과목 공부에 도움이 될 거야.

역사를 공부할 때에는 네가 좋아하는 역사 만화나 드라마를 보는 것도 좋단다. 시청자의 흥미를 자극하기 위해서 역사를 왜곡하거나 미화하는 부분도 있어. 하지만 역사를 바탕으로 재현한 것이기 때문에 드라마를 보면서 역사 공부를 하면 이해가 쉬워진단다.

그리고 드라마 속에서 일어난 역사적 사건에 대해 원인과 결과, 현상을 스스로 분석하며 본다면 더 재미가 있을 거야.

'사회과부도'나 '사회과탐구' 책을 이용하는 것도 기억해 두렴. 사회 공부를 하다가 이해가 안 되면 관련된 지도나 자료를 함께 보면 더욱 쉽게 이해할 수 있어. 또 글로만 읽는 것보다 눈으로 함께 보면 이미지가 머리에 남아 더 많은 것을 기억할 수 있게 된단다.

특히 역사가 흐르면서 변하는 지도를 비교하며 보면 더욱 다양한 재미를 느낄 수가 있단다.

책도 많이 읽으렴. 사회 현상에 대한 설명과 지식, 대처법을 담은 책들이 많이 나오고 초등학생도 쉽게 볼 수 있게 풀이한 책들도 많단다. 인터넷을 이용하여 지도나 그림으로 표현된 사회 자료를 보는 것도 많은 도움이 된단다.

자, 이제 사회 공부를 좀 더 쉽고 재미있게 할 수 있겠지?

명심하렴. 세상에서 일어나는 모든 일에는 반드시 원인과 결과, 그리고 현상이 존재한단다. 네가 사회 공부를 열심히 하면(원인) 공부를 잘하게 되어 성적이 올라 꿈에 가까워질 것이고(결과), 그러면 네 삶도 행복해지고 엄마와 아빠는 너를 자랑스럽게 생각할 거야(현상).